TOURISM

U0854392

京师职教

高等职业教育
旅游大类系列教材

■ 丛书总主编：魏庆华 王克勇 姜海涛

DAOYOU SHIXUN
JIAOCHENG

导游实训教程

■ 主　编：刘　清　赵丽君　刘学平
■ 副主编：王旭丽　都叶利纳　牡　兰
■ 参　编：任国光　谢丽梅　王化宇

北京师范大学出版集团
BEIJING NORMAL UNIVERSITY PUBLISHING GROUP
北京师范大学出版社

图书在版编目(CIP)数据

导游实训教程 / 刘清，赵丽君，刘学平主编. —北京：北京师范大学出版社，2020.12

高等职业教育旅游大类系列教材 ISBN 978-7-303-26392-9

Ⅰ. ①导… Ⅱ. ①刘… ②赵… ③刘… Ⅲ. ①导游—高等职业教育—教材 Ⅳ. ①F590.633

中国版本图书馆 CIP 数据核字(2020)第 203396 号

营销中心电话 010-57654738 57654736
北师大出版社职业教育分社网 http://zjfs.bnup.com
电子信箱 zhijiao@bnupg.com

DAOYOU SHIXUN JIAOCHENG
出版发行：北京师范大学出版社 www.bnup.com
北京市西城区新街口外大街 12-3 号
邮政编码：100088
印　刷：北京京师印务有限公司
经　销：全国新华书店
开　本：889 mm×1194 mm 1/16
印　张：10.75
字　数：214 千字
版　次：2020 年 12 月第 1 版
印　次：2020 年 12 月第 1 次印刷
定　价：33.00 元

策划编辑：易　新　　责任编辑：王　强　吴纯燕
美术编辑：焦　丽　　装帧设计：焦　丽
责任校对：张亚丽　　责任印制：陈　涛

编委会

阿荣高娃(阿拉善职业技术学院)
张育英(乌兰察布职业学院)
敖佳鹏(满洲里俄语职业学院)
高鹏飞(乌海职业技术学院)
王旭丽(内蒙古化工职业学院)
于小龙(鄂尔多斯职业学院)
王淼(内蒙古交通职业技术学院)
禧琳(内蒙古机电职业技术学院)
曲红光(锡林郭勒职业学院)

前　言

随着我国人民生活水平的不断提高，旅游渐渐成为消费的时尚乃至人们日常生活中的必需品。我国已迎来大众旅游时代，旅游业的迅猛发展使得市场对旅游专业人才的需求日益旺盛，尤其是作为旅游业主力军的导游员。导游员的专业素质对整个旅游行业的发展而言至关重要，而专业素质的培养离不开实践教学。实践教学环节不但可以夯实理论基础，还可以在实践模拟中锻炼导游人员的实践能力，提升专业素养，从而更好地为新时代的旅游业提供专业人才。

本教材基于学生职业能力的培养规律，以导游工作流程为方向，通过模块化教学的手段，将教学内容分解为三个模块，以完成项目任务的方式进行教学，全面训练学生的实践操作能力，培养学生独立分析问题、解决实际问题的能力，实现将理论融合到实践中的教学目标。

本教材以导游业务流程为主线，对模块和项目进行精心设计，以工作流程方式优化教学效果，以活页教材编写体例方式进行教材统编。

1. 以对职业院校学生的职业技能训练为依据选取教学内容

本教材以“知识够用，技能过硬”为指导思想，选取符合导游岗位需求的核心知识和技能作为教学内容，以地陪导游操作技能为核心选取教学内容。

2. 以导游业务流程为主线设计教学模块

导游工作可以构成一个清晰的业务流程，因此我们将其中的每一项工作过程通过典型任务来描述，并将其转化为课程项目编入教材。本教材以地陪工作任务为导向，将课程分成了三大模块，每一模块又由具体的项目组成，每一个项目又包括具体的实训任务，并兼顾全陪和领队的工作职责，突出导游服务集体的协作特点。

3. 以实训任务为导向组织教学环节

本教材注重实用技能的培养，以实训任务贯穿始终。在实景训练环节，教材紧密结合旅游景区景点进行实地或模拟演练，附有适量的导游词及讲解词，使学生能够举一反三，并将其运用到实际工作中去。

4. 以教学为需要组织教材编排

本教材的编者都具有丰富的课堂教学经验和行业实践经验，在充分考虑技能训练和课堂组织等因素的基础上，设置了项目描述、任务描述、任务目标、理论引导、任务实施、自我学习和项目小结等环节，全面训练学生的导游岗位技能。

5. 校企合作共同开发教材

本教材是内蒙古高职院校的校企合作开发立项教材项目的成果，在立项过程中，分别得到了兴安盟五洲行国际旅行社、万豪国际酒店、中国国际旅行社等校企合作单位的支持，为教材编写提供相关材料，并协助审稿。

本教材可作为高职高专旅游管理类专业“模拟导游”“导游业务”“导游技能”等课程的教材，也可作为职大、夜大和中职旅游类专业的教材，还可作为旅游企业导游人员的培训和工作参考用书。

本教材由兴安职业技术学院刘清和赵丽君、内蒙古农业大学职业学院刘学平任主编；内蒙古化工职业学院王旭丽、内蒙古商贸职业学院都叶利纳、兴安职业技术学院牡兰任副主编；兴安职业技术学院任国光、呼和浩特职业学院谢丽梅、兴安职业技术学院王化宇参编。赵丽君最终统稿。具体编写分工如下：刘清、赵丽君、都叶利纳共同编写模块一；刘学平、牡兰、谢丽梅、任国光、王旭丽共同编写模块二；刘学平、王化宇共同编写模块三。

在本教材的编写过程中，参阅了大量国内外研究资料及有关网站信息，在此向各位作者表示衷心的感谢。

由于水平有限，时间仓促，教材中难免会有不当之处，敬请广大读者不吝赐教。

编　者

目　录

模块一　导游工作流程

模块二 景区导游

模块三 导游员带团突发事件的预防及处理

模块一　导游工作流程

【模块描述】

根据导游工作岗位标准，按照工作过程中所需要的知识、技能、素质，设计了接待准备、迎接工作、入住酒店服务、行程游览服务、购物服务、娱乐活动服务、送行服务七个项目。

项目一　接待准备

【项目描述】

通过学习导游服务准备阶段的工作内容，即熟悉接待计划、落实接待事宜、做好各项准备，掌握接待流程基本环节。

>> 任务1　熟悉接待计划<<

【任务描述】

学习接待计划书，熟悉该团队的接待计划，了解该旅游团的服务项目和特殊要求。通过完成实例操作，认识到接待计划对于整个行程的重要意义，掌握阅读接待计划书时要抓住的重点内容，进而熟悉团队的接待计划。

【任务目标】

1. 知识目标：了解接待准备的具体内容；熟悉接待计划的基本内容。

2. 技能目标：能针对接待计划采取相应措施；在妥善处理问题的同时，具备能为旅游者提供优质服务的能力。

3. 素质目标：查阅资料及资料处理能力；归纳分析能力；语言表达能力；总结与汇报能力；独立思考能力。

【理论引导】

导游员应在团队抵达之前认真阅读接待任务书，熟知该旅游团的接待任务和服务要求，重要事宜应做记录并确认以下事项。

一、旅行社信息

1. 组团社信息。包括组团社名称、客源地及其使用语言、全陪姓名、联系人姓名、电话、境外团领队姓名及电话。可据此书写接站牌，与组团社等相关接待部门确认(表 1-1)。

表 1-1　组团社信息示例

组团社名称	北京康辉国际旅行社
客源地	北京
语言	普通话
领队姓名及电话	无
全陪姓名及电话	李莹莹 133××××2232
联络人姓名及电话	林庆源 136××××5632

2. 地接社信息。包括各地区地接社名称、地接社计调姓名及电话、联系人姓名及电话、地陪姓名及电话、旅游车司机及车辆信息(如司机姓名及电话、旅游车品牌、座位数及车牌号、车队名称等)(表 1-2)。

表 1-2　地接社信息示例

地接社名称	兴安盟五洲行国际旅行社
计调姓名及电话	何悠悠 182××××9685
地陪姓名及电话	张可可 158××××1255
旅游车司机姓名及电话	李敏 188××××5546
租车单位	大刘汽车租赁公司
旅游车品牌及座位数	考斯特 18～22 位
车牌号	蒙 F××××××

二、旅游团信息

1. 旅游团概况。旅游团名称、团号、领队(或旅游者联系人)姓名及电话、全陪姓名及电话、团队人数。

2. 旅游团成员情况。该旅游团成员的情况，包括职业、年龄、性别、学历、宗教信仰等情况，是否有老弱病残等需要特殊服务的客人、是否有儿童等(表 1-3)。

表 1-3　旅游团成员信息示例

人数	12
男女比例	7∶5
老人及儿童的人数	儿童 2 人
年龄层次	绝大部分游客年龄都在 20～40 岁，12 岁以下 2 人，属于中青年旅游团队
职业构成	企业团队，团员为销售部员工及部分家属，团队核心人物为销售部主管
文化层次	文化层次较高，有 2 名儿童
宗教信仰	接待计划中未显示
有无特殊服务客人	一名素食游客
团队特点及接待注意事项	旅游团队是独立成团，团队成员为同一部门同事，互相熟悉，有共同话题。导游员对于这个团队来说，是“外人”，要求导游员能迅速融入这个团队，取得信任，树立权威。团队旅游质量要求较高，在带团中要多听游客意见，特别是核心人物的意见，销售部主管鲁××是核心人物。团队中有 2 名儿童，

续表

团队特点及接待注意事项	要提前提醒其家长带上小孩的户口本、学生证，询问儿童身高，告知不同景点对身高的优惠政策。孩子的餐费、房费和门票如何结算，要事先向旅行社计调了解。一名儿童要加床，如何结算费用，要向其父母说明。团队中有一名素食游客，需提前和用餐部门落实。带团前需提前了解该企业文化或行业知识，在讲解、游戏中融入，易产生共鸣

三、团队接待信息

1. 住宿服务安排及其标准。包括下榻酒店的名称、地址、电话、星级标准、床位数、房间数、是否大床房、有无 VIP 房、有无加床、有无自然单间、是否有特殊要求等。对于房间的分配，全陪要根据团队的实际情况，如夫妻、亲戚、朋友、同事等，尽量安排在一起。

2. 用餐(早餐和正餐)服务安排及其标准。包括用餐次数、标准、地点、旅途中餐饮安排、是否有特殊要求等。有的旅行社只确定了用餐的标准，没有确定具体的用餐地点，地陪应根据当天行程就近安排合适的餐厅，要提前联系落实。

3. 交通服务安排及标准。包括抵达和离开旅游地点时所乘飞机(火车、轮船)的班次、时间和机场(车站、码头)名称；该团返程或去下一站的交通票据是旅游者自理还是旅行社代订，是否按计划订妥，有无变更以及更改后的落实情况；境外团还需了解有无国内段国际机票；票种是 OK 票还是 OPEN 票。

4. 有无特殊要求。该团是否需要安排有关方面负责人出面迎送、会见、宴请等(表 1-4)。

表 1-4　团队接待信息示例

住宿服务安排及标准	住 3 晚，2 晚阿尔山海神大酒店，1 晚特别安排入住乌镇当地特色客栈(乌镇林家客栈)，双人标间共 5 间，均不加床
用餐服务安排及标准	3 早 2 正，正餐 40 员/人，1 林区特色野菜宴，1 蒙古特色手把肉，均不含酒水；1 人为素食者，如需专门备餐费用另计
交通服务安排及标准	飞机往返，G52776，16:25 抵伊尔施机场，KN2986，8:30 伊尔施机场离开；途中乘坐旅游公司旅游车
有无特殊要求	接待计划中未显示

四、旅游行程

导游员应知道行程中会游览哪些景点，以及这些景点的特色，特别是地陪。如果对行程中的某个景点还不熟悉的话，一定要马上查找资料，若有可能，可以预先进行实地考察。全陪不要求讲解景点，但也要熟悉目的地参观景点的时间分配、活动线路，并对当地的特产、民俗风情有一定的了解。需要了解的具体项目包括：

1. 旅游团出发地、途经地、目的地，线路行程时间和具体安排。

2. 游览项目的安排。包括合同包含的游览项目和游览时间，需另行付费的游览项目名称、收费标准及游览时间，儿童门票等。

3. 购物和娱乐活动安排。包括旅行社安排的购物场所名称、停留时间，合同包含的娱乐活动项目名称及活动时间，需另行付费的娱乐活动项目名称、收费标准及活动时间等(表1-5)。

表1-5 行程安排表示例

Day 1	下午4:25分航班抵达机场—阿尔山火车站(30min)—晚餐—酒店
Day 2	早上7:30起床—8:00用餐—8:30出发前往森林公园(1h)—石塘林(30min)—三潭峡(30min)—午餐—天池(1h)—杜鹃湖(30min)—晚餐—下榻酒店
Day 3	早上7:30起床—8:00用餐—8:30出发前往七仙湖草原(1h)—观辽阔草原(2h)—午餐—乘车前往国门景区(2h)—晚餐—下榻酒店
Day 4	早上6:00起床—6:30用餐—7:00抵达机场送机

4. 自由活动安排。

五、接待标准和费用开支情况

1. 了解此次接待是综合服务还是单项服务，团队接待等级的收费标准。

2. 了解费用开支的方式与数额，准备好相应的空白结算单据和现金团款。

3. 了解团队中特殊成员的费用收取标准，如未成年人、70岁以上的老人、持有残疾证的残疾人、复员军人、领队和全陪等，根据国家有关规定和不同景区的规定确定收费项目和数额。

【任务实施】

实训任务	针对某旅游团队提供接待准备服务并讨论分析
任务概述	熟悉接待计划就要准确掌握旅行社信息、旅游团信息、旅游团接待信息、旅游行程、接待标准和费用开支情况等基本信息 情景案例：小王所带的旅游团共23人，其中男11人，女12人 由学生扮演小王，同旅行社进行计调，派发行程单，设计情景内容并进行情景演练
实训学时	建议2学时
实训地点	教室或导游实训室
实训条件	1. 校内实训室：学生用电脑、多媒体设备等 2. 旅游行程单、派团单
实训流程与标准	1. 分配实训小组，明确小组任务，学生分别扮演旅游团成员与导游员 2. 模拟导游员了解组团社联络人姓名及电话号码 3. 模拟导游员了解组团社名称、旅游团名称、代号、国别、收费标准和领队姓名 4. 模拟导游员了解组成人员情况 5. 模拟导游员了解全程旅游路线、出入境地点 6. 模拟导游员了解交通工具情况 7. 模拟导游员了解掌握交通票据情况
实训考核建议	1. 考核内容：态度＋纪律＋汇报＋成果 2. 考核方式：课堂展示汇报＋实训成果文本 3. 考核主体：教师、学生

【自我学习】

1. 理论测试题

熟悉接待计划应确认(　　)、(　　)、(　　)、(　　)、(　　)等事项。

自我学习答案

2. 实训操作题

模拟导游员在接团前准备工作场景。

实训要求：

(1)学习小组模拟导游员在接团前准备工作场景；

(2)学习小组探讨准备工作并撰写报告。

>> 任务2　落实接待事宜 <<

【任务描述】

小组通过模拟导游员接团的案例情景，在实训过程中，掌握旅游接待的各项准备工作和落实接待工作的方法。

【任务目标】

1. 知识目标：理解落实接待事宜的内容和方法。

2. 技能目标：通过学习演练，能够独自根据任务要求顺利落实相关接待事宜。

3. 素质目标：良好的责任意识；良好的职业素养和爱岗敬业的精神。

【理论引导】

由于自然条件、政策规范等的不确定性，导游服务也伴有很强的不确定性，导游员的工作就是把预先计划的行程变成现实，尽可能降低意外风险事故的发生概率，通过优质的服务给旅游者一个满意的旅行回忆。因此，除了优秀的应急能力外，在旅游者抵达的前一天，地陪对交通、食宿等相关事宜的提前确认至关重要。

一、落实车辆安排

地陪要主动与司机或是派出车辆单位联系，核实接团的车型、车号、座位数以及空调、扩音设备等状况，并与司机商量碰头地点和时间，保证提前半小时抵达接站机场(车站、码头)。如果是大型团队，还需在车前醒目位置贴上所要接待团队的名号，一般是贴在车前窗玻璃处。如果是有行李的团队，还需与行李员事先取得联系，并约好与接团车一同前往接站地点。

二、落实用餐安排

地陪应提前与各有关餐厅联系，核实旅游团订餐情况，讲明旅行社名称、团号、人数、餐饮标准、用餐日期、特殊要求等，熟悉餐厅的位置以便确认行车路线。

三、确认住宿安排

地陪应先与计调部门确认旅游者下榻饭店有无变更，再与饭店联系，核实旅游团订房时间、房型、房间数、是否含早餐及早餐类型，确认是否按预订要求落实。地陪应熟悉接待饭店的位置、前往饭店的交通、基本情况、服务设施及服务项目，如有必要，可亲自前往饭店实地考察，配合饭店接待人员做好接待工作。

四、了解不熟悉景点的情况

对不熟悉的旅游景点或是新的参观游览景点，导游员应事先了解其概况，如开放时间、最佳游览线路、游览方式、休息场所、停车场位置、厕所位置、注意事项等，以保证游览活动顺利进行。

五、了解落实团队的行李运送安排

对于内宾团来说，行李一般随旅游车同行，不必配备行李车。接境外团时，旅行社一般都会安排专门的行李车接送行李。如果团队配有行李车，地陪应提前与行李车司机和行李员联系，使其了解团队的抵达时间、地点以及下榻饭店。

六、领取团款及发票事宜

向计调了解团队各单项费用，掌握所有付费项目的结算方式与旅行社协议价格，提前计算出各项支出，最好以费用明细表的形式将其记录下来，并在工作过程中随时检验。

【任务实施】

实训任务	通过情景案例进行角色扮演，落实接待事宜并讨论分析
任务概述	情景案例：导游员小李接到派团通知，负责接待来自北京的 32 人团队，小李应如何落实接待该团的各项事宜 由学生分别扮演小李和司机、酒店接待人员、餐馆工作人员、景点工作人员等，设计情景内容、进行情景演练
实训学时	建议 4 学时
实训地点	教室或导游实训室或景区(点)
实训条件	1. 校内实训室：学生用电脑、多媒体设备、学习情况评价表等 2. 校外实习基地：2～3 家旅游景区(点)
实训流程与标准	实训准备 学生分组，组内成员分别扮演地陪、司机、酒店接待人员、餐馆工作人员、景点工作人员等，准备旅游接待计划单、行程单等资料 实训开始 1. 掌握联系电话：随身携带并备份有关旅游接待部门的联系方式 2. 落实旅游车辆：联系司机，确认司机姓名、联系方式，核实旅游车车型、车牌号；确认碰头时间、地点，告知行程；接大型旅游团时，要在车上贴上编号或醒目的标记

续表

实训流程与标准	3. 落实住宿：熟悉旅游团下榻的酒店情况，和酒店核实房型、房间数目、是否含早等，如有行李托运需要提前落实 4. 落实用餐：和餐厅确认该团日程表上的每一项用餐情况，如团号、人数、餐饮标准、特殊要求等 5. 落实景区景点参观安排 6. 落实娱乐、购物安排
实训考核建议	1. 考核内容：态度＋纪律＋模拟＋汇报 2. 考核方式：课堂展示汇报＋实训成果文本 3. 考核主体：教师、学生、企业兼职教师

【自我学习】

1. 理论测试题

1.1 落实接待事宜包括(　　)、(　　)、(　　)、(　　)、(　　)。

1.2 落实用餐安排包括讲明(　　)、(　　)、(　　)、(　　)、(　　)、(　　)等。

自我学习答案

2. 实训操作题

模拟导游员在接团前落实接待事宜工作场景。

实训要求：

(1)学习小组模拟导游员在接团前落实接待事宜工作场景；

(2)学习小组探讨准备工作并撰写报告。

>> 任务3 做好各项准备 <<

【任务描述】

小组通过模拟导游员接团的案例情景，在实训过程中，明确接团前的各项准备工作，学会工作方法，能够认真细致地工作。

【任务目标】

1. 知识目标：熟悉业务准备、物资准备、知识准备和心理准备的相关内容，掌握接待计划书的内容。

2. 技能目标：认真细致的工作习惯和能力。

3. 素质目标：良好的责任意识；良好的职业素养和爱岗敬业的精神。

【理论引导】

一、业务准备

1. 研究旅游团。了解旅游团的团号、国别、组团社、领队及全陪姓名和联系方式，以及团队人数、人员构成、年龄、性别、彼此关系、文化程度、职业构成、居住地、宗教信仰、生活习惯和旅游动机等。

2. 研究旅游接待计划。在接到接待计划书后，导游员应认真阅读接待计划，分析接待计划中包含的主要信息。

3. 安排活动日程。根据团队预定游览内容制定出旅游团在当地的具体活动日程安排表，其中应包含接站与送站的时间及地点、每日出发及结束时间、每日用餐时间及地点、每个景点的游览时间、自由活动和购物的时间及地点、接待项目的轻重缓急。

此外，还要做好其他业务准备，如满足旅游者的特殊要求、安排一些特殊活动(如会见、谈判等)以及提前办理有关证件(如边境通行证)等。

二、物资准备

1. 工作用品。导游员上团前应准备好接待计划书、导游证、身份证、接待社社旗、接站牌、游客意见反馈表、团款、扩音器、记事本(接待日志)、电话本、返程车票、导游资料、结算单据等。

2. 日程表。地陪还应准备分发给每位旅游者一份日程表，写上每日的活动内容、导游员姓名及手机号码、司机姓名及汽车车牌号等，这样既方便旅游者掌握行程，也能为导游员省去不少麻烦。

3. 个人旅游用品。导游员要准备好工作包、生活用品、保健卫生用品、防护用品、必备现金、手机及手机充电器、常用药品等。此外，导游员还要准备适当的衣物，做到带团过程中的仪表、着装整洁。

三、知识准备

1. 参观景点的知识。导游员应对照行程中所涉及的景点，检查自己的知识储备是否够用。记不清楚或是有异议的地方应及时查阅资料，一些重要的年代、数据、事件最好先查阅、记忆。

2. 旅游团成员的相关知识。导游员应根据客人的年龄、职业、性别、文化程度、居住地、宗教信仰等情况，充分做好知识准备。如果是入境团队，导游员应事先了解该团队所在国家(地区)的基本情况，包括地理、历史、人口、经济、气候、物产、首都、民族、政治体制、宗教信仰、名胜古迹、风土人情、文化名人、对外政策以及与我国的关系等。

3. 即时信息。导游员要事先了解一些当地的热门话题、国内外重大新闻等，一则可以丰富讲解内容，二则更有助于找到共同话题，拉近与旅游者的距离。

四、心理准备

导游员要事先给自己打好“预防针”，做好心理准备，很多失败的导游案例的根源就在于导游员没有进行充分的心理准备。好的心理准备应做到：

1. 充分放松，不要背负沉重的心理包袱上团。

2. 心态平和，做到宠辱不惊，充分认识到带团的艰苦性。

3. 正确处理好私人事务，不要让与带团无关的事情影响了个人情绪。

4. 头脑冷静，尽可能设想一切可能发生的不利情况并做好应变计划。

5. 准备承受旅游者的抱怨乃至投诉。

【任务实施】

实训任务	设计情景案例进行角色扮演做好接团各项准备工作并讨论分析
任务概述	情景案例：地陪小王负责接待北京某旅行社贵宾团，小王应如何做好各项准备工作 由学生分组扮演地陪导游，设计情景内容、进行情景演练
实训学时	建议 2 学时
实训地点	教室或导游实训室或景区(点)
实训条件	1. 校内实训室：学生用电脑、多媒体设备等 2. 导游证、身份证、接待社社旗、接站牌等工具
实训流程与标准	一、实训准备 学生分组，准备旅游接待计划书、行程单等资料 二、实训开始 1. 准备出团所需的各种道具 2. 组内讨论旅游接待需要的各项准备工作
实训考核建议	1. 考核内容：态度＋纪律＋模拟＋汇报 2. 考核方式：课堂展示汇报＋实训成果文本 3. 考核主体：教师、学生、企业兼职教师

【自我学习】

1. 理论测试题

1.1　接团前准备包括(　　)、(　　)、(　　)、(　　)。

1.2　物资准备包括(　　)、(　　)、(　　)。

2. 实训操作题

学习小组模拟导游员在接团前需要做好的接团各项准备工作。

实训要求：

(1)学习小组模拟导游员在接团前各项准备工作的场景；

(2)学习小组探讨在接团前需要做好的接团各项准备工作并撰写报告。

自我学习答案

【项目小结】

任务名称	知识、技能、素质
熟悉接待计划	熟悉该团队接待计划，了解旅游团的服务项目和特殊要求。按照接待计划书完成旅游接待计划任务。具备良好的责任意识；良好的职业素养和爱岗敬业的精神
落实接待事宜	理解落实接待事宜的内容和方法。通过学习演练，能够独自根据任务要求顺利落实相关接待事宜。具备良好的责任意识；良好的职业素养和爱岗敬业的精神
做好各项准备	熟悉物资准备和知识准备，掌握接待计划书的内容。认真细致的工作习惯和能力。具备良好的责任意识；良好的职业素养和爱岗敬业的精神

项目二　迎接工作

【项目描述】

迎接工作，是地陪导游人员前往机场、车站、码头迎候客人，并将其转移到下榻酒店或者下一个景点的工作。地陪应使旅游团在接站地点得到热情、周到、友好的接待，并让其了解在当地的行程安排以及注意事项。

>> 任务1　接站<<

【任务描述】

小组通过模拟导游员与迎接不同类型的旅游团等角色扮演，熟悉接站服务的流程，掌握认找不同类型旅游团队的方法和技巧。

【任务目标】

1. 知识目标：理解并掌握从接站准备到认找旅游团并引导旅游者登车等的相关程序。
2. 技能目标：积累导游经验，提高导游技能，增强处理问题能力和语言表达能力。
3. 素质目标：语言表达能力；沟通技巧。

【理论引导】

一般情况下，地陪应在飞机预定到达时间前 2 小时，火车、轮船预定到达时间前 1 小时，确认旅游团所乘交通工具抵达的准确时间。地陪应提前半小时抵达机场（车站、码头），并掌握旅游车停放的准确位置。旅游者出站时，导游员应站在醒目处，尽快找到旅游团，仔细核对相关信息后，确认旅游团，并核实人数，集合登车。

一、做好接站准备

(一)确认旅游团抵达的准确时间

接团当天，导游员应密切关注天气情况，通过多种途径了解旅游团抵达的准确时间。导游员应及早与旅游团领队或全陪取得联系，了解交通工具的运行情况。一般应在飞机预定到达时间前 2 小时，火车、轮船预定到达时间前 1 小时询问，以便有充足时间前往机场、车站、码头。

(二)与旅游车会合

掌握了旅游团到达的准确时间之后，地陪要立即与为该团在当地提供交通服务的旅游车司机联系，商定出发时间和会合地点，确保提前 30 分钟抵达机场(车站、码头)。在接站途中，地陪应核实旅游车座位数量，检查卫生情况，还应了解话筒的使用情况，告知旅游车司机该团的主要活动日程和具体时间安排、客人的特殊要求，并征询司机的意见。到达接站地点后，地陪应与司机确定旅游车停放的位置，行李厢的使用，客人上车的位置等。

(三)再次确认团队抵达时间

到达机场(车站、码头)后，地陪要到问讯处、服务台询问或查看出站口显示屏，再次核实旅游团所乘交通工具的准确抵达时间。

二、开展迎接工作

迎接工作的程序如下。

(一)等候团队

旅游团所乘坐的飞机(火车、轮船)抵达后，地陪要在旅游团出站前，站在出站口的醒目位置，面向出站口高举社旗或接站牌，迎接旅游者的到来。

(二)认找旅游团

地陪一方面要突出自己的位置，使旅游者、领队或全陪能够清晰地看到自己的社旗或接站牌；另一方面也要仔细观察，主动认找旅游团。一般来说，旅游团会有一些特征，发现可能属于自己的旅游团后，要主动上前询问，确认对方是否为自己所要带的旅游团。如果旅游团中有领队或全陪，地陪应及时与之接洽，问清对方团号、客源国(地区)、组团社名称、领队及全陪姓名等。如果旅游团中没有领队或全陪，地陪要与旅游团所有成员逐一核对团号、国籍(地区)及团员姓名等。

(三)清点人数与行李

地陪接到自己的旅游团，应立即向领队、全陪或旅游者核对实到人数，如果出现增加或减少等与计划不符的情况，要及时通知接待旅行社的有关部门并做出相应调整。与此同时，地陪要引导旅游者离开混乱嘈杂的环境，集中所有行李，提醒旅游者进行清点和检查。

(四)引导登车

待客人整理好随身物品，地陪与领队或全陪协商好后，高举社旗引领旅游者前往旅游车停放处。地陪要提醒旅游者带齐手提行李和随身物品，引导旅游者前往乘车处，并给旅游者必要的帮助。行进时，步子不宜太快。要让客人先上车，自己站立车门一侧，搀扶或协助老弱客人上车。客人和全陪都上车后，地陪最后一个上车，清点人数。

三、做好车内服务工作

旅游者全部上车后，地陪应帮助旅游者放置好随身物品并检查是否放妥。待旅游者全部坐稳，地陪要礼貌地清点人数并向全陪或领队询问是否可以发车。清点旅游者人数时主要使用目光默数的方法，不可用手指头点着旅游者来数。全陪或领队如无异议，地陪再请旅游车司机开车。

清点人数的方法有：走到车过道一一点数、在车头一一点数、专点空座位数。无论用哪种方法，都要用默数的方式，用目光柔和地接触旅游者，面带微笑地心算人数，切忌用手指点人数。待旅游者都坐稳后，还应检查行李架上的小件行李和随身物品是否放稳。

【任务实施】

实训任务	针对不同类型的旅游团设计情景案例进行角色扮演，练习认找旅游团并讨论分析
任务概述	情景案例：小李所接的旅游团为商务团，小李应如何快速认找该旅游团 由学生扮演小李和不同类型旅游团的成员，设计情景内容、进行情景演练
实训学时	建议4学时
实训地点	火车站、机场或实训室
实训条件	1. 校内实训室：学生用电脑、多媒体设备、学习情况评价表等 2. 校外实习基地：2～3家旅游景区(点)
实训流程与标准	一、实训准备 1. 学生分组，以小组成员为单位扮演导游员与不同类型旅游团的成员 2. 制作接站牌： (1)要写清团名团号、领队或全陪姓名 (2)接小型旅游团或无领队、全陪的旅游团时，要写上客人的姓名 二、实训开始 1. 核对时间：要做到“三核实”，即核实计划时间、时刻表和实际到达时间 2. 联系司机：导游员与旅游车司机取得联系，约定会合时间和地点，遵循“30分钟要求”提前前往接站地 3. 持接站牌等候：持接站牌立在机场出站口醒目的位置，热情迎候旅游团，便于领队、全陪或旅游者前来联系 4. 主动认找：由学生分组扮演几组不同团号的旅游者，团队资料由受测学生随机抽取；受测学生通过旅游者的衣着、组团社徽记等分析、判断并上前委婉询问，主动认找；问清团队的团号、组团社名称、领队及全陪或旅游者的姓名

续表

实训流程与标准	5. 核实相关事项：核实交通工具，组团社和接待社名称，全陪或领队姓名、联系方式，团队人数等 6. 带领团队集合登车：清点人数、清点行李、提醒旅游者带好随身物品、带领团队登车、再次清点人数、提醒旅游者再次检查各自行李物品和重要证件
实训考核建议	1. 考核内容：态度＋纪律＋模拟＋汇报 2. 考核方式：课堂展示汇报＋实训成果文本 3. 考核主体：教师、学生、企业兼职教师

【自我学习】

1. 理论测试题

1.1　迎接工作的程序是（　　）、（　　）、（　　）、（　　）。

1.2　清点人数的方法有：（　　）、（　　）、（　　）。

自我学习答案

2. 实训操作题

学习小组模拟导游员接站工作。

实训要求：

(1)学习小组模拟导游员迎接工作的程序工作场景；

(2)学习小组探讨迎接工作的程序并撰写报告。

>> 任务2　致欢迎词 <<

【任务描述】

掌握欢迎词包含的主要内容；能针对不同团队致欢迎词，给旅游者留下良好的第一印象。

【任务目标】

1. 知识目标：通过对理论知识的学习，掌握欢迎词的五要素。

2. 技能目标：能够写出一篇“规范式”的欢迎词并实际运用。

3. 素质目标：培养学生实际操作能力，增加其职业情感。

【理论引导】

致欢迎词是导游员在旅游者面前的第一次亮相，要精神饱满，给旅游者留下良好印象。好的欢迎词不仅能很好地调动旅游者的情绪，而且能很快消除导游员与旅游者初次见面时的拘谨与陌生，迅速建立起双方良好的合作关系，并给旅游者留下深刻而美好的印象。欢迎词一般应在旅游者放好物品、各自归位、静等片刻后再开始讲。因为旅游者新到一地，对周围环境感到新奇，往往左顾右盼，注意力不易集中，可能收不到良好的讲解效果。

一、致欢迎词的时机

致欢迎词一般应在接到旅游者，等车前往下一目的地的途中进行。如果一个旅游团人数很多，需分几辆车运送，每辆车又不能保证有一位导游员陪同，这种情况下在机场(车站)致欢迎词比较好。

二、致欢迎词的注意事项

致欢迎词时，导游员应面对旅游者，站在车厢的前部、司机的附近。这样导游员能看到旅游者的表情和反应，旅游者也能看到导游员。因为车上颠簸不定，导游员可以用腰部适当倚靠扶手，也可用一只手扶着椅背或扶手；若乘坐的是小型旅游车，一般可以坐着，但要侧身面对旅游者。致欢迎词时，身体不可摇摆抖动，不要把手插在裤、衣兜里。

三、欢迎词五要素

欢迎词的主要内容包括：

1. 代表所在旅行社、本人及司机欢迎旅游者光临本地；
2. 介绍自己姓名和所属单位；
3. 介绍司机；
4. 表达尽力做好服务的态度和希望得到合作的愿望；
5. 预祝旅游者旅途愉快。

欢迎词应视旅游团的性质及其成员的文化水平、职业及居住地区等情况而有所不同。导游员可灵活应对，采取不同的方式，以收到最好的效果。

四、致欢迎词

案例：欢迎词示例

各位团友，大家好！

大家一路辛苦了！很高兴能在这么一个阳光明媚、活(火)力四射的日子见到大家。

在这里，我要代表阿尔山天池旅行社欢迎大家，祝愿大家旅途愉快，玩得开心，吃得放心，行得安心！俗话说得好：握紧我的手，世界各地任你走。我是大家这次草原之旅的地接导游，我姓张，大家叫我小张就可以了。这 4 天时间里大家有任何问题都可以随时找我，24 小时欢迎“骚扰”！

接下来，我要隆重地为各位介绍一下在我们本次旅游中占有绝对重要位置的人，那就是为我们保驾护航的司机李师傅，他出生在一个驾驶世家，据李师傅说他祖上是赶马车的，到了他父亲那代开的是拖拉机，到他这辈啊就是开汽车的了。几辈人了，从来没在行车上出过半点差错。李师傅到现在已经有 20 年驾龄了，所以大家对我们这几天的行车安全可以放一万个心了。可以说李师傅是我们这一路上最辛苦的人了，在这里，我提议我们各位嘉宾伸出您热情而高贵的金掌、银掌、仙人掌，我们用热烈的掌声对李师傅的辛苦表示感谢！同时也祝大家这一路上玩得开心，把您的满意和微笑留下，把这一路的美好回忆带回去和家人朋友分享！谢谢大家的鼓励和支持，我们会全心全意为大家提供细致周到的服务！

【任务实施】

实训任务	针对不同团队致欢迎词并讨论分析
任务概述	情景案例：小王所带的旅游团为高校教师团，初次来内蒙古旅游，小王应如何致欢迎词 由学生扮演小王和旅游团成员，设计情景内容、进行情景演练
实训学时	建议 2 学时
实训地点	教室、旅游车或实训室
实训条件	1. 校内实训室：学生用电脑、多媒体设备、学习情况评价表等 2. 校外实习基地：2～3 家旅游景区（点）
实训流程与标准	一、实训准备 学生分组，以小组成员为单位扮演导游员、不同类型的旅游团 二、实训开始 导游者根据不同类型的旅游团特点致欢迎词 要求保持微笑、保持良好的站姿，手持话筒要离开嘴边 10 厘米，语音、语调要柔和 欢迎词内容要全面
实训考核建议	1. 考核内容：态度＋纪律＋模拟＋汇报 2. 考核方式：课堂展示汇报＋实训成果文本 3. 考核主体：教师、学生、企业兼职教师

【自我学习】

1. 理论测试题

1.1　欢迎词的主要内容包括（　　）、（　　）、（　　）、（　　）、（　　）。

1.2　欢迎词一般应在旅游者（　　）、（　　）、（　　）再开始讲。

自我学习答案

2. 实训操作题

学习小组模拟导游员针对不同团队致欢迎词。

实训要求：

（1）学习小组模拟导游员针对不同团队致欢迎词；

（2）学习小组探讨致欢迎词的方法并撰写报告。

>> 任务 3　首次沿途导游讲解 <<

【任务描述】

小组通过模拟接待不同旅游者首次沿途导游的案例情景，学习调动旅游者情绪的方法，掌握首次沿途导游词的创作技巧。

【任务目标】

1. 知识目标：通过对理论知识的学习，掌握首次沿途导游的讲解内容。

2. 技能目标：能够熟练进行首次沿途导游讲解。

3. 素质目标：培养学生的文字概括能力和语言表达能力。

【理论知识】

首次沿途导游词的内容一般包括沿途风光介绍、下榻酒店介绍以及当地风情介绍。

一、沿途风光介绍

地陪应向旅游者介绍沿途有代表性的景物，见物讲物，见人说人，讲解的内容与所见的景物同步。讲解时语言要简明扼要，随机应变，点到即止。对于路过的行程中有安排的景点，还可以铺垫一下，制造悬念吸引旅游者。

二、下榻酒店介绍

地陪应向旅游者介绍即将入住的酒店情况，包括酒店的名称、位置、到机场或火车站的距离、星级、规模、历史发展、主要服务项目、酒店餐厅的位置以及如何办理入住手续等。该项内容可视路途距离和时间长短酌情增减，也可在入店时进行介绍。

三、当地风情介绍

在进行沿途景物介绍时，可适时介绍旅游目的地的基本概况，主要以当地历史地理文化为基础，介绍地形地貌、气候、人口、历史沿革、行政区划、市容市貌、社会生活、文化传统、风物特产等。涵盖的内容有：

1. 介绍当地的时间、气候。校对北京时间，并强调今后按北京时间进行活动。对外宾团须介绍一些克服时差的方法，并提醒大家根据当地的气候及时更换衣物。

2. 介绍有关当地的旅行常识。如乘坐交通工具的办法、出租车起步价和收费情况、当地的邮电情况、长途电话和传真的使用与付费方法等。如旅游者来自较远的地方，地陪可以提醒旅游者发短信或打电话给亲人朋友报平安，告诉亲人朋友相关情况。旅游者一定会觉得地陪非常细心，考虑周到。

3. 介绍当地主要的风土人情、常用的方言问候语。如果能教会旅游者说几句当地简单的常用方言，会很受欢迎。

4. 介绍购买当地的土特产去什么商店最好、当地风味菜肴的特点、主要商业中心和娱乐场所及营业时间。

5. 如果是外宾团，还要介绍兑换货币的地方，告知旅游者所携带的货币和人民币当天的汇率，并拿出人民币纸币进行使用介绍，让旅游者认识人民币并了解我国的货币政策和使用情况。

6. 介绍当地的历史、地理、人口、政治、经济、文化以及该地在中国的地位、主要旅游资源、设施和接待能力。

7. 介绍当地居民的风俗习惯、礼节礼貌、生活起居和节日节庆活动；介绍一些特殊的习惯，告诫旅游者入乡随俗，不要做唐突的事情；对外宾团，还要介绍中国的传统礼仪习俗等。

8. 介绍有关旅游的法律法规以及市内的交通安全规则等，若是外宾团，还要告诉旅游者应遵守的中国的相关法律法规。

以上不一定非得在首次沿途导游中全部讲清、讲全，但是一定要灵活掌握，让旅游者对主要内容都有所了解。

【任务实施】

实训任务	针对接待不同类型旅行团情景案例进行首次沿途导游讲解角色扮演并讨论分析
任务概述	情景案例：导游员小张接到残疾人旅行团的接待任务，小张应如何做好首次沿途导游讲解工作 由学生扮演小张和旅游者，设计情景内容、进行情景演练
实训学时	建议2学时
实训地点	教室、旅游车或实训室
实训条件	1. 校内实训室：学生用电脑、多媒体设备、学习情况评价表等 2. 校外实习基地：2～3家的旅游景区(点)
实训流程与标准	一、实训准备 学生分组，以小组成员为单位扮演导游员和不同类型旅游团的成员 二、实训开始 导游员根据不同类型的旅游团特点介绍行程 1. 要求保持微笑、保持良好的站姿，手持话筒要离开嘴边10厘米，语音语调要柔和 2. 安全注意事项要全面 实训考核、点评 指导教师点评、小组互评，总结任务要点并纠正任务中存在的问题
实训考核建议	1. 考核内容：态度＋纪律＋模拟＋汇报 2. 考核方式：课堂展示汇报＋实训成果文本 3. 考核主体：教师、学生、企业兼职教师

【自我学习】

1. 理论测试题

首次沿途导游词的内容一般包括(　　)、(　　)以及(　　)。

2. 实训操作题

模拟导游员针对不同类型旅行团进行首次沿途导游。

实训要求：

(1)学习小组模拟不同类型旅行团场景，分派角色；

(2)根据角色创作首次沿途讲解词并讲解介绍；

(3)学习小组录制讲解过程视频，各小组同学互评。

自我学习答案

【项目小结】

任务名称	知识、技能、素质
接站	理解并掌握从接站准备到认找旅游团并引导旅游者登车的相关程序；积累导游经验，提高导游技能，增强处理问题能力和语言表达能力；具备语言表达能力和沟通技巧
致欢迎词	通过对理论知识的学习，掌握欢迎词的五要素；能够写出一篇“规范式”的欢迎词并灵活运用；培养学生实际操作能力，增强其职业情感
首次沿途导游讲解	通过对理论知识的学习，掌握首次沿途导游讲解的内容；能够熟练进行首次沿途导游讲解；培养学生的文字概括能力和语言表达能力

项目三 入住酒店服务

【项目描述】

入住酒店服务是指导游员带领旅游者抵达下榻酒店后，为旅游者办妥相关手续，引导旅游者进入酒店并解决其间出现的问题的服务过程。能否让旅游者尽早进入房间并取得行李，是检验导游员工作能力的一个标志。

>>任务1 办理住店手续<<

【任务描述】

为旅游者办妥住店相关手续，引导旅游者进入酒店。

【任务目标】

1. 知识目标：了解入店服务的程序；知道入店时可能出现的问题。

2. 技能目标：能为旅游者办理住店手续；能联系酒店处理有关问题；能落实店内用餐、叫早服务。

3. 素质目标：提高语言表达能力、组织能力、观察能力、团队合作能力。

【理论引导】

入住酒店服务是指导游员在旅游团抵达所下榻酒店后到进入客房这段时间所进行的服务。

一、引导旅游者上下车时需注意的细节

首先，导游员要微笑着站在车门的靠车头一侧，对于不需要帮助的旅游者，微笑着向其问好。其次，对于老人或提行李较多的旅游者，如果是有尊老爱幼传统国家的旅游者，可以提供热情、直接的帮助；如果是欧美旅游者，则尽可能让旅游者身体力行，如果感觉他们确实需要帮助，在征得其允许的情况下再提供帮助，最好以不明显、好似不经意的方式帮助他们，切记不要刻意。最后，在旅游车上还要提醒旅游者把行李包放好，以免丢失或滑落，使自己或别人受伤。

二、地陪导游员办理入住手续

旅游团到达后，地陪可在酒店大堂内指定位置让旅游者稍作等待，并尽快向酒店总服务台讲明团队名称、订房单位，持领队或全陪提前收齐的客人有效证件，与事先准备好的客人名单表一起交给酒店前台。地陪应与领队或全陪一起办理住店登记手续。地陪协助填写住房登记表，并向总服务台提供旅游团队名单，请领队或全陪分配房间、分发房卡，并说明旅游团房间情况。地陪应记下领队、全陪及旅游者的房号，并将自己的房号、电话及微信等告诉领队和全陪，以便有事时能尽快联系。由地陪负责办理入住手续，协助领队和全陪尽快办理住店登记手续。拿到房卡后，请领队分发房卡，若该团无领队，则请全陪代劳。地陪应主动引领旅游者到餐厅用好第一餐，要向旅游者介绍酒店内的就餐形式、地点、时间及餐饮的有关规定。

【实例分析】

如何快速办理入住手续

导游员小王经常带团出境旅游，无论出入境还是进酒店，在众多挤在大厅的团队中，他的团队往往是第一个办完手续第一个进房间的，令其他团队的旅游者羡慕不已。他的技巧如下：首先在大厅找好位置，让旅游者坐下休息，顺手拿来一些小册子，如酒店介绍、景点介绍等，让旅游者浏览。旅游者的兴趣被调动起来，就不会为等待着急了。其次，在旅游者休息时，同地陪导游员一起将早已填好的住房名单(准备工作极为重要)交给前台服务员，服务员看到别的旅游团还在一片混乱中，而他的表格早已打印好了，自然愿意给他先办，所以他便能很快地拿到房卡和钥匙。拿到房卡和钥匙后，立即走到大家休息的地方，叫着旅游者名字，一一发给大家，同时请地陪导游员帮忙将房号登记在旅游者名单上，留存备用。最后，将安顿好的名单交给前台，复印三份，一份留前台，一份给地陪导游员，一份留给自己。

某年旅游旺季，小王所带的旅游团从早上出发开始旅程，总算抵达了下榻酒店。旅游者拖着疲惫的身躯进了酒店。该酒店是一家知名的老店，环境幽雅，房间宽敞。然而旅游者进入客房不久，就有几位跑来抱怨：这个说客房冷气不足，那个说房间太潮湿，还有客人反映冷热水失调，纷纷要求换房。可当下正值旅游旺季，客房供需非常紧张。怎么办？小王先来到反映有问题的几间客房，发现冷气不足是因为刚进客房，空调刚打开，温度也还没调好；冷热水失调是因为热水水龙头坏了，小王打电话给服务台请工人来尽快维修；而进入反映客房潮湿的客人房间，的确闻到了不小的霉味，而且墙上也有霉斑。小王立即找到服务台，要求换房，可是服务人员声称没有空房，但小王一再要求，加之旅行社与酒店多年的合作关系，在请示经理后，终于换了客房。问题总算得以圆满解决。

小王在解决此案例中出现的旅游者入住问题时，有什么值得我们学习的地方？

案例解析

入店服务，查房是导游员迅速缩短与旅游者距离的一个重要环节。导游员必须到旅游团所在楼层，协助楼层服务员做好接待工作，并负责核对行李，督促行李员将行李送至旅游者房间。需要注意的是，将旅游者送进房间并不意味着万事大吉，常常会发生以下问题：门锁打不开；室内设施不全或有损坏现象；卫生设施无法使用；房间清洁程度不够或是卫生漏做；电话线不通等。在入店服务中，导游员要做的很多是琐碎、看起来不起眼的事情，可是，服务质量的优劣往往就取决于细节问题的处理。

三、介绍酒店设施，讲注意事项

地陪在协助办理完旅游团入住手续后，应向全团介绍酒店内设施。

1. 介绍餐厅、商场、娱乐场所、公共卫生间等设施的位置，如果是外宾团，还要介绍外币兑换处的位置。

2. 说明旅游者所住房间的楼层和门锁的使用方法。

3. 提醒旅游者住店期间的注意事项和各项服务的收费标准，并提醒旅游者将贵重物品存放在总服务台。

4. 如旅游者需用晚餐，还应宣布晚餐时间、地点和用餐形式。

【实例分析】

酒店要求赔偿

导游员小江带领某旅游团入住一家四星级酒店，一位旅游者在洗完衣服后，把袜子、内裤晾在房内灯罩上。次日，服务员在打扫房间时，发现灯罩上留下了水印。服务员叫来主管，主管要求旅游者赔偿，遭到拒绝，理由是酒店没有阳台晾换洗的衣物，且未说明不能在灯罩上晾衣服。双方相持不下。酒店找到小江，要求其帮助解决。小江第一次碰到这种情况，觉得肯定是客人的过错，损害物品，理应赔偿。小江和旅游者说明情况，要求其赔偿，但遭到拒绝。无奈之下，小江找到全陪，在全陪的协调下，该旅游者做了相应的赔偿。

案例解析

本案例中发生的纠纷，如果导游员小江在旅游者入住酒店时做个提醒，就完全可以避免。发生此类事情，赔偿不可避免，但导游员处理问题时，要讲究方式方法。一般可以这样处理：首先，把情况告知全陪或领队，让其出面处理。作为导游员，立场应当不偏不倚。其次，导游员应向酒店和承担赔偿的旅游者道歉。最后，事后导游员应做好“精神补偿”工作。在处理问题上，有经验的导游员都应在事情的处理上尽量公平，但在精神、言语的表达上应尽量偏向于承担赔偿的旅游者，给旅游者以心理安慰。

四、照顾旅游者和行李进房，带领旅游团用好第一餐

1. 地陪可陪同旅游者到达所住楼层，提供必要帮助。旅游者进入房间后，可能会对房间内的设施、环境、房内物品的使用等提出疑问和要求，地陪在旅游团入住后的半小时内最好不要离开，以便及时提供帮助。旅游者进房前后，常常会遇到门锁打不开、客房不符合标准、房间不够整洁或卫生不达标、室内设施不全或有损、卫生设施无法使用、电话线不通等问题。这时，地陪要协助酒店有关部门及时

处理。同时地陪要等待该团行李送达酒店，负责核对行李，督促酒店行李员将行李准确无误地送到客人的房间。

2. 旅游团第一餐安排在旅游者进房前还是进房后，要根据旅游者的入店时间和要求来定。

(1)地陪应与旅游团全体成员约定集中用餐的时间和地点。

(2)等全体成员到齐后，带领旅游者进入餐厅，向餐厅领座服务员询问本团的桌次，然后引领旅游者入座。

(3)等大家坐好后，应向旅游者介绍就餐的有关规定，如哪些饮料包括在费用之内、哪些不包括在内，若有超出规定的服务要求费用由旅游者自理等，以免产生误会。

(4)地陪还应向餐厅说明团内有无素食者，有无特殊要求或饮食禁忌。

(5)将领队介绍给餐厅经理或主管服务员，以便直接联系。

(6)等客人开始用餐，地陪方可离开并祝大家用好餐。

(7)若所带旅游团的第一餐安排在外宴请、品尝风味或用便餐，地陪必须提前通知餐厅用餐的大概时间、团名、国籍、人数、标准和要求等入住酒店服务的程序。

五、确定叫早时间

待一切安排妥当后，地陪应与领队、全陪一起商定第二天的叫早时间，并请领队通知全团成员。地陪还应将叫早时间通知酒店总服务台，办理叫早手续。

六、导游员在旅游团抵达所下榻酒店后到进入客房的服务程序

导游员在旅游团抵达所下榻酒店后到进入客房的服务程序如图 1-1 所示。

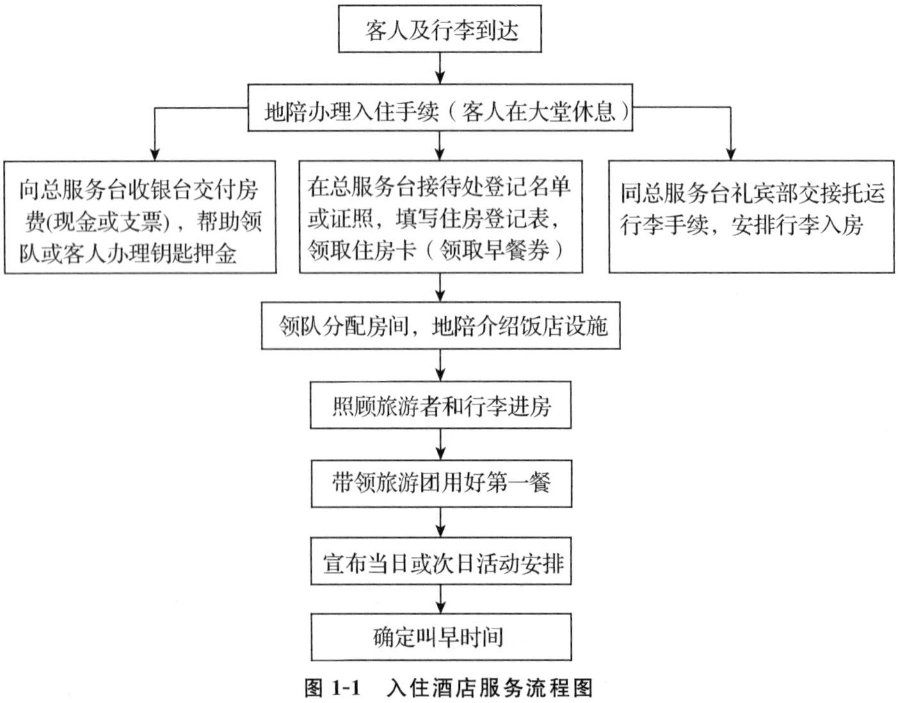

图 1-1　入住酒店服务流程图

【知识链接】

入住酒店服务工作分工（表 1-6）。

表 1-6　入住酒店服务规程比较表

类型	领队	全陪	地陪
服务规程	1. 协助地陪办理住店手续	2. 协助办理住店手续，将自己的房间号告诉地陪（领队）和旅游者	1. 负责办理住店手续（自订房由领队、全陪或旅游者办理），将钥匙、房卡交领队或全陪
	2. 分房（房卡、钥匙）	2. 了解旅游者的住房分配，记住领队的房间号	2. 介绍酒店设施
	3. 登记住房名单	3. 掌握酒店总服务台的电话号码和与地陪紧急联系的办法	3. 照顾行李入房
	4. 帮助客人入住	4. 地陪不住酒店，全陪要负全责，照顾好旅游团	4. 带领旅游者用好第一餐
			5. 告知当日或次日的活动安排
			6. 确定叫早、晚餐时间

【任务实施】

实训任务	为某旅游团提供入住酒店服务
任务概述	引导旅游者进入酒店，准确快速地办理入住手续并介绍酒店设施以及注意事项
实训学时	建议 4 学时
实训地点	导游实训室或酒店
实训条件	1. 校内实训室：学生用电脑、多媒体设备、学习情况评价表等 2. 校外实习基地：2～3 家大小规模不同酒店
实训流程与标准	1. 分配学习小组，明确小组任务 2. 每组学生利用网络资源或实地调研为旅游者办理入住酒店程序 3. 以选定校内和导游实训室作为实训目标，学习小组利用角色扮演法进行旅游者入住酒店服务模拟训练 4. 学习小组在课堂上进行实际入住酒店服务演练 5. 教师、学生、企业三方对学生实训成果进行评价 6. 学习小组之间进行经验总结和学习交流
实训考核建议	1. 考核内容：态度＋纪律＋模拟＋汇报 2. 考核方式：入住酒店服务教学评价表 3. 考核主体：教师、学生、企业兼职教师

【自我学习】

1. 理论测试题

1.1　选择题

1.1.1　在导游服务程序的全部过程中，下面各阶段工作中不是以地陪为主的是（　　）。

A. 入店服务　　B. 参观游览服务　C. 旅途服务　　D. 送客服务

1.1.2　旅游团队离开酒店前，无特殊原因，地陪应在（　　）前办理退房手续。

A. 上午 8:00　　B. 上午 10:00　　C. 中午 12:00　　D. 下午 6:00

1.1.3　进入酒店后，导游员应建议旅游者将贵重财物（　　）。

自我学习答案

A. 随身携带　　　　B. 存入酒店保险柜
C. 放在房间里　　　　D. 交给酒店保安部

1.2　判断题

1.2.1　一般情况下，旅游者入住一小时内，导游员不要离开。(　　)

1.2.2　办理完入住手续后，应由地陪分发房卡。(　　)

1.2.3　根据导游服务集体的分工，全陪作为当地活动的组织者和一切事宜的主要处理者，是导游服务集体的中心人物。(　　)

2. 实训操作题

办理入住酒店服务实训操作。

时间：2019 年 8 月 17 日 18:00。

地点：阿尔山海神酒店。

人物：地陪阿木，全陪小李，酒店前台接待，餐厅经理，全团旅游者。

事件：旅游车抵达阿尔山海神酒店，旅游者办理入住登记，之后前往中餐厅集体用餐。

任务：地陪阿木，全陪小李办理全团的入住手续，引领客人用餐。

实训要求：

(1)学生以小组为单位；

(2)为该旅游团办理入住酒店服务。

>> 任务 2　核对、商定日程 <<

【任务描述】

在旅游团抵达后，地陪应抓紧时间尽早进行核对、商定日程的工作。地陪宜在用餐之前向全团宣布当日或次日的行程安排，如叫早时间，用餐时间、地点，集合出发时间、地点，行程和注意事项等。若旅游者入住后不安排集中就餐，这项工作则可提前在车上完成。

【任务目标】

1. 知识目标：核对旅游团行程、离开时间、服务接待标准、交通票据等；核对团队特殊服务要求。

2. 技能目标：掌握核对和商定活动日程的技巧；能告知旅游者第二天集合时间、地点等；能帮助旅游者处理影响活动日程特殊问题。

3. 素质目标：提高语言表达能力、组织能力、观察能力、团队合作能力。

【理论知识】

一、核对、商定日程的工作原则

核对、商定日程的工作是地陪与领队、全陪合作的开始，应使本团旅游者胸中有数。核对、商定日程的基本原则是：既符合大多数旅游者的意愿，又尽量不对已经安排好的日程做大的变动；少数服从多数，不介入团内矛盾；对变动日程确有困难的旅游者提出的正当要求，要耐心解释，取得大多数人的谅解。

二、核对、商定日程的内容

1. 地陪、全陪、领队手中的旅游日程有无出入。

2. 每天日程安排的具体内容。

3. 特殊活动的安排情况。

4. 向领队征求对地接社安排的详细日程的意见。

5. 离开当地时的交通工具、航班(车次)及时间。

6. 领队、全陪有无新的要求。

7. 征求领队或全陪对自费项目的安排意见。

三、核对、商定日程时可能出现的问题及相应措施

核对、商定旅游日程并不总是顺利的，有时会出现一些棘手的问题，这时地陪应沉着、冷静，针对不同情况，采取相应措施。

1. 对方手中的旅游日程与地陪的接待计划有出入

(1)地陪应立即向地接社汇报，以查明原因，分清责任；

(2)如果是地接社的责任，地陪应代表旅行社赔礼道歉，并按正确的接待计划执行；

(3)如果是组团社或境外组团社的责任，而又不好向旅游者交代，地接社和组团社双方可重新商定调整行程，使双方都能接受。

2. 对方提出小的修改意见或增加新的游览项目

(1)地陪应及时向旅行社相关部门反映，对合理而可能的要求尽量予以满足；

(2)对无法满足的要求，要做细致耐心的解释、说服工作；

(3)如需增加费用，应事先讲明，并按规定的标准收取；

(4)如对方提出与原日程不符且涉及接待规格的要求，地陪一般应婉言拒绝，并说明己方不便单方面不执行合同；如有特殊理由，并由领队提出，地陪应请示旅行社相关部门，按情况而定。

【实例分析】

地陪导游员的接待任务书和领队的计划表有出入

北京某旅行社导游员小夏担任一新加坡旅游团的地陪。旅游团到了酒店后，小夏就和领队商谈日程安排。在商谈过程中，小夏发现领队手中计划表上的游览景点与自己接待任务书上所确定的游览景点基本一致，只是领队的计划表上写得更详细，细致到每个景区的每个景点，而小夏的任务书只标注了每个景区最著名的景点。小夏心想：都说日本团队做得细致，没想到新加坡的团队也做得这么细致。

在游览颐和园时，小夏按计划买了普通门票(颐和园分为普通门票和联票，联

票包括苏州街、德和园等景点)。小夏带领旅游者游览到了苏州街，让旅游者在外面留影，这时领队却提出他们的计划里颐和园的景点包括苏州街，且坚持要按他手上的景点来安排行程。为让领队和旅游者没有意见，小夏答应了。

在游览结束后，领队和旅游者较满意，但小夏回旅行社报账时却被经理狠狠地批评了一顿，并责令他赔偿这个景点的门票费用。

案例解析

旅行社的计划单上的游览景点与旅游者手中计划表上的景点不符，这种情况的出现，基本上有两种原因：一是双方在沟通的过程中发生了误会，二是对方旅行社为掩盖其克扣旅游者费用而采取了不正当手段。导游员碰到这类问题时，必须弄清事实，否则会给旅行社或者旅游者带来损失。

本案例中，导游员小夏有两个细节问题没有处理好：第一，小夏和领队商谈日程安排时注意到了一个细节——领队的计划表细致到每个景区的每个景点，但是他却没有把这个细节处理好，应该更仔细地把领队与自己计划单上的不同之处再确认一遍。第二，小夏自作主张随意答应了领队和旅游者的要求，结果导致旅行社利益受损，吃力不讨好。

导游员碰到这类问题，处理的步骤是：

(1)在第一时间与旅行社联系，请计调指示应按哪份计划实施接待；如确认按我方旅行社计划单上所规定的景点游览，则除了重点游览、讲解规定景点外，还应尽量让旅游者看到没有安排的那些景点，并做必要的指点、讲解。

(2)如果旅游者愿意自费游览不能安排的景点，在收取费用后，应予满足。

【任务实施】

实训任务	为某旅游团提供告知第二天集合时间、地点等服务
任务概述	1. 核对旅游团离开时间、交通票据 2. 核对行程中的景区景点 3. 核对旅游服务接待标准 4. 核对旅游团队特殊服务要求
实训学时	建议 2 学时
实训地点	导游实训室或酒店
实训条件	1. 校内实训室：接团计划单、影响活动日程的情景卡片、学习情况评价表等 2. 校外实习基地：2～3 家大小规模不同酒店
实训流程与标准	1. 分配学习小组，明确小组任务 2. 每组同学利用网络资源或实地调研进行商定和核对日程服务实训 3. 选定校内实训室或校外实习基地作为实训地点，学习小组利用角色扮演领导、全陪、地陪进行商定及核对日程服务模拟训练 4. 学习小组在课上或博源蓝海酒店进行核对和商定日程服务演练 5. 教师、学生、企业三方对学生实训成果进行评价 6. 学习小组之间进行经验总结和学习交流
实训考核建议	1. 考核内容：态度+纪律+模拟+汇报 2. 考核方式：核对日程和商定日常服务教学评价表 3. 考核主体：教师、学生、企业兼职教师

【自我学习】

1\. 理论测试题

1.1 选择题

1.1.1 导游员从接到旅行社下发的（　　）开始，进入服务准备，到前往接站点之前均为准备阶段。

自我学习答案

A. 旅游派遣书　　B. 接待计划书　　C. 费用计划书　　D. 意见反馈书

1.1.2 旅游过程中，旅游团（者）提出变更路线或日程的要求时，导游员原则上应该（　　）。

A. 按合同执行　　B. 上报组团社　　C. 上报地接社　　D. 灵活掌握

1.2 判断题

1.2.1 导游人员可以根据具体情况自行决定增加或减少，甚至取消旅游项目。（　　）

1.2.2 在核对旅行日程时，当出现旅游者提出的要求与原计划不符且又涉及接待规格的情况，无论什么理由，地陪均应予以婉言拒绝。（　　）

1.2.3 根据导游服务集体的分工，全陪作为当地活动的组织者和一切事宜的主要处理者，是导游服务集体的中心人物。（　　）

2\. 实训操作题

核对日程实训操作。

<table>
<tr><td rowspan="3">实训内容与步骤</td><td>一、实训准备
1. 学生分别扮演领队、全陪、地陪
2. 熟悉旅游接待计划
3. 接收旅游活动日程变更情形的任务</td></tr>
<tr><td>二、实训开始
根据下列三种核对商定日程的情形，讨论不同情形的处理方法，并由学生以小组为单位进行模拟演练
1. 有一个从韩国来的十人旅游团，从上海口岸入境，上海游结束后，第二天前往苏州，苏州文化国际旅行社承担了苏州游的地接工作。假设你是该社委派本次接团任务的导游员，在与领队核对商定日程时，领队代表旅游团提出想将计划中的游览虎丘改为寒山寺，原因是旅游者更愿意去体会诗中的美好意境。面对客人的要求，应当如何处理
2. 该团队其中一站到了杭州，杭州天天国际旅行社承担了该团的杭州地接工作。假设你作为该社委派本次接团任务的导游员，计划安排 7 月 10 日下午游览宋城，晚上观看大型歌舞表演《宋城千古情》后入住酒店，在核对日程时，全陪提出旅游团在途中听说淳安千岛湖自然风光旖旎，提出不去计划中的宋城，改为游览千岛湖。面对客人的要求应该如何处理
3. 该旅游团的其中一站到了山东威海，威海中国国际旅行社承担了该团队威海行的接待工作。假设你是该社委派本次接团任务的导游员，在与领队核对商定日程时，发现领队手中的计划和你手中的计划有很大出入，应该如何处理</td></tr>
<tr><td>三、实训考核、点评
指导教师点评，纠正模拟过程中存在的问题，指出核对商定日程中应注意的事项</td></tr>
</table>

【项目小结】

任务名称	知识、技能、素质
办理住店手续	了解入店服务的程序；知道入店时可能出现的问题。能协助行李员提供服务；能为旅游者办理住店手续；能联系酒店处理有关问题；能落实店内用餐、叫早服务。语言表达能力、组织能力、观察能力、团队合作能力
核对、商定日程	核对旅游团行程、离开时间、服务接待标准、交通票据等；核对团队特殊服务要求。能核对和商定活动日程；能告知旅游者第二天集合时间、地点等；能帮助旅游者处理影响活动日程特殊问题。语言表达能力、沟通能力、团队合作能力

项目四　行程游览服务

【项目描述】

学习出发前的准备、沿途导游服务、景区游览服务、就餐服务的相关知识，培养组织、沟通、协调、讲解职业技能，能够按时、顺利、保质、保量完成组织旅游者乘车、出发，让旅游者既一路欢声笑语、满怀期待地抵达景区，又安全、收获满满、带着美好回忆地结束游览。

>> 任务1　出发前的准备 <<

【任务描述】

1. 在认真阅读接待计划或行程单的基础上，准备相关讲解知识，编写需带的物品清单。

2. 提前抵达，查看景区当天天气，做好协助、提醒、组织乘车工作。

3. 编写因生病或要求探亲、自由活动没有随团的人员清单，以及导游员应做的提醒、帮助工作。

【任务目标】

1. 知识目标：掌握接待计划中涉及的导游基础知识，了解旅游者年龄、性别、职业等基本信息。

2. 技能目标：培养组织旅游者的能力，提高处理、协调、解决、安排旅游者不随团活动的工作能力。

3. 素质目标：提高礼仪修养，培养爱岗敬业精神。

【理论引导】

出发前充分的准备工作，可以使后期的游览活动事半功倍，是安全、顺利带好旅游团的基础与前提。出发前，需做好的准备主要有：

1. 熟悉当天日程安排；

2. 准备好导游旗、胸卡和必要的票证；

3. 与司机联系，督促其做好出车的各项准备工作；

4. 至少提前 10 分钟到达集合地点；

5. 核实、清点实到人数，了解未到人员情况，做好妥善安排；

6. 提醒注意事项。

【任务实施】

实训任务	出发前接待计划的内容准备与未参与人员的妥善安排
任务概述	认真阅读接待计划，分组讨论应做好哪些准备，尽量做到带团时万无一失 问题分析：旅游者未能随团有哪些原因？不同情况应如何处理 由学生扮演导游员和旅游者，设计情景内容、进行情景演练
实训学时	建议 1 学时中的 25 分钟
实训地点	教室或导游实训室
实训条件	校内实训室：教师、学生所需的多媒体设备，足够的情景展示空间
实训流程与标准	1. 分配学习小组，教师给出接待计划行程单，明确小组任务 2. 准备好带团所需物品，至少提前 10 分钟抵达集合地点，注意仪表，精神饱满 3. 主动问候，协助乘车，有礼貌地清点人数，态度热情诚恳，言语简洁明快，给客人留下深刻的印象，营造良好的旅游团队氛围 4. 了解没有随团人员的缺席原因，视具体情况给予必要的提醒与帮助 5. 通报天气，提醒注意事项，待旅游者到齐坐好后，请司机开车 6. 各学习小组课堂进行情景展示，全班同学针对各小组的情景内容进行分析讨论、小组代表发言、各小组针对不同意见进行讨论 7. 教师对各小组的情景展示和讨论发言结果进行考核评价，小组之间进行互评
实训考核建议	1. 考核内容：态度＋纪律＋展示＋发言 2. 考核方式：课堂情景展示＋小组代表发言 3. 考核主体：教师、学生

【自我学习】

1. 理论测试题

出发前，导游员应至少提前(　　)时间到达集合地点。

A. 15 分钟　　B. 10 分钟　　C. 20 分钟　　D. 30 分钟

2. 实训操作题

2.1　旅游者生病，不能随团游览，导游员应该怎样处理？

2.2　导游员上车后，怎样清点人数才有礼貌？

自我学习答案

>> 任务 2　沿途导游服务 <<

【任务描述】

1. 认真阅读当日行程单，能熟练、详细地介绍当天活动安排，让旅游者明明白白地游览。

2. 根据沿途经过的特色、典型的景点、景观，做好相关知识准备，让旅游者了解沿途风光及风土人情。

3. 根据沿途距离及旅游者特点，准备击鼓传花、成语接龙、猜谜语、唱歌等适合的娱乐活动，调动旅游者积极性，使得一路欢声笑语。

4. 针对即将抵达的景点，准备好精彩的概述性导游词，激发旅游者的游兴。

【任务目标】

1. 知识目标：熟知当天活动安排；了解所在城市的基本概况、风土人情，做好沿途经过的特色、典型的景点、景观的相关知识准备。

2. 技能目标：培养组织娱乐活动的能力；提高语言表达能力；提高随机应变的能力。

3. 素质目标：提高礼仪修养，提升主人翁意识，培养爱岗敬业精神。

【理论引导】

为了提高旅游产品附加值，导游员要充分利用好途中机会，根据旅游者的实际情况及旅途时间的长短，酌情选择适当的内容、灵活多样的形式，提高旅游者的旅途兴致，调动旅游者积极性、好奇心，让旅游者一路欢声笑语，轻松、愉快地抵达景区。这样既可以尽快得到旅游者的肯定与认可，又可以提高旅游产品质量。为此，导游员要灵活地做好以下几个方面：

1. 重申当日活动安排；

2. 沿途风光导游；

3. 介绍旅游景点；

4. 活跃气氛。

【任务实施】

实训任务	各小组根据不同沿途时间进行沿途内容准备
任务概述	情景：沿途时间分别是10分钟、20分钟、30分钟、1小时。各小组选好任务后经商议，进行汇报
实训学时	建议1学时25分钟
实训地点	教室或导游实训室
实训条件	校内实训室：教师、学生所需手机、多媒体设备，足够的情景展示空间，相应的情景展示道具等
实训流程与标准	1. 分配学习小组，教师给出资料，明确小组任务 2. 宣布当天的活动安排 3. 风光导游 4. 组织活动 5. 介绍游览景点 6. 各学习小组课堂进行情景展示，注意时间分配。全班同学针对各小组的情景内容进行分析讨论、小组代表发言、各小组针对不同意见进行讨论 7. 教师对各小组的情景展示和讨论发言结果进行考核评价，小组之间进行互评
实训考核建议	1. 考核内容：态度＋纪律＋展示＋发言 2. 考核方式：课堂情景展示＋小组代表发言 3. 考核主体：教师、学生

【自我学习】

1. 理论测试题(多选)

赴景点途中的服务包括(　　)。

A. 重申当日活动　　B. 风光导游　　C. 介绍旅游景点　　D. 活跃气氛

2. 实训操作题

以小组为单位，根据不同沿途时间准备沿途内容，分角色表演。

自我学习答案

>> 任务3　景区游览服务 <<

【任务描述】

1. 记住旅游车的型号、颜色、车号、停车地点，准确告知旅游者，或拍下车的图片发到微信群中，保证旅游者准时、准确集合。

2. 熟知景区示意图的位置，熟知景区游览路线、游览时间及游览注意事项，并清楚告知旅游者。让旅游者明确游览路线，合理安排游览节奏与游览时间，准时集合，不违规。

3. 熟练掌握景区景点的历史背景、特色、地位、价值、景观等知识，在满足旅游者对知识的需求的同时，要讲解得精彩，才能吸引旅游者。

4. 熟悉景区地形及安全状况，保证旅游者人身及财产安全。

【任务目标】

1. 知识目标：熟悉景区示意图，掌握景区地形及安全状况，保证旅游者人身及财产安全；熟练掌握景区景点历史背景、特色、地位、价值、景观等知识。

2. 技能目标：培养拍照技术；培养导游词讲解能力；培养组织、协调旅游者的能力；培养查阅及处理资料能力、归纳分析能力以及语言表达能力。

3. 素质目标：培养尊重旅游者、保护旅游者人身及财产安全的意识，培养爱岗敬业精神和团队合作能力。

【理论引导】

到达景区后，导游员只有讲清楚注意事项，交代清楚集合时间与地点、游览路线及注意事项，并为旅游者提供生动、精彩的讲解，旅游者才会以导游员为中心，听导游员指挥，安全、顺利完成景区游览活动。为此，导游员要做好以下几点：

1. 交代清楚游览中的注意事项。

2. 充分准备好游览中的讲解内容，注意要声情并茂，声音要响亮而有磁性，语言要生动、优美、富有表现力，内容要娴熟而取舍自如，做到不仅使旅游者增长知识，而且能得到美的享受。

3. 留意旅游者的动向，防止旅游者走失或治安事故的发生。

【任务实施】

实训任务	针对游览时间不同，讨论内容的取舍及方法的运用与时间的分配
任务概述	1. 讨论下车前应提醒的注意事项 2. 根据游览时间不同，讨论游览路线的设计与内容的选择及方法的选择 3. 讨论在游览中旅游者会遇到哪些人身与财产安全问题，应如何保护
实训学时	建议 1 学时
实训地点	教室或导游实训室
实训条件	1. 校内实训室：教师、学生所需电脑、多媒体设备，足够的情景展示空间，相应的情景展示道具等 2. 校外实习基地：学生能够跟团参与旅行社所安排的行程，进行全程观摩
实训流程与标准	1. 分配学习小组，教师给出问题，明确小组任务 2. 交代游览中的注意事项。下车前，讲清和提醒旅游者记住车号、颜色、标志停车地点，最好让旅游者拍张照片，记住集合时间和开车时间。注意讲述全面 2. 下车后，在景点示意图前，地陪讲明游览路线、游览所需时间及游览注意事项，如不许吸烟、拍照等。注意讲解姿态、声音 3. 游览中，先告知旅游者集合时间与地点。注意再大声强调一遍 4. 结合游览时间、旅游者实际情况，讲清楚截取讲解内容、选择讲解方法的原因 5. 讲清楚在景区如何保护好旅游者人身与财产安全 6. 各学习小组课堂进行情景展示，全班同学针对各小组的情景内容进行分析讨论、小组代表发言、各小组针对不同意见进行讨论 7. 教师对各小组的情景展示和讨论发言结果进行考核评价，小组之间进行互评 8. 教师布置课后任务，以小组为单位完成并提交
实训考核建议	1. 考核内容：态度＋纪律＋展示＋发言 2. 考核方式：课堂情景展示＋小组代表发言 3. 考核主体：教师、学生

【自我学习】

1. 理论测试题(单选)

在景区为防止旅游者走失，地陪要与全陪密切配合，具体位置要求是(　　)。

A. 全陪在前，地陪在后　　B. 地陪在前，全陪在后

C. 全陪在前，地陪在前　　D. 全陪在后，地陪在后

自我学习答案

2. 实训操作题

2.1　下车前的提醒与说明工作。

2.2　景区示意图前的讲解与注意事项的说明。

>> 任务 4　就餐服务 <<

【任务描述】

1. 认真阅读并熟知接待计划中的餐饮标准及特殊要求，认真阅读并熟知行程单的就餐安排，提前与定点餐厅联系，安排好旅游者用餐，保证旅游者顺利到达餐厅并按要求用餐。

2. 知道旅游地特色餐厅、风味餐厅、西餐厅的名称、地点、联系方式，为有特殊需求的旅游者提供针对性服务。

3. 知道旅游地特色菜、时令菜的名称、烹饪方法、特色，为有需要的旅游者做介绍。

4. 学会处理旅游者提出的换餐、延迟用餐、单独用餐等要求，满足旅游者个别要求，提供好个性化服务。

【任务目标】

1. 知识目标：掌握接待计划中涉及的餐饮标准及特殊要求；知道旅游地特色餐厅、风味餐厅、西餐厅的名称、地点、联系方式；知道旅游者可能提出哪些餐饮方面的要求。

2. 技能目标：培养处理旅游者提出各种餐饮要求的技巧；培养沟通、协调能力及独立处理问题的能力。

3. 素质目标：培养旅游者至上意识，培养爱岗敬业精神。

【理论引导】

民以食为天，餐饮是旅游者最基本的生理需求，只有吃好、吃饱，旅游者才会有好的心情。安排好就餐，也是旅游产品质量的一项重要衡量指标，因此，导游员要高度重视旅游者的三餐安排。做好以下工作：

1. 根据接待计划中的标准与要求，不折不扣地落实。

2. 提前做好餐厅情况的介绍与相关安排。

3. 做好旅游者用餐情况的了解，及时处理发生的各种问题。

4. 用餐后，导游员要严格按照用餐时间、用餐人数、标准和饮用酒水数量，如实填写结算单，索要正规发票。

【任务实施】

实训任务	针对接待计划中涉及的餐饮标准及特殊要求，完成订餐任务，处理、落实旅游者特殊餐饮要求
任务概述	1. 根据接待计划中涉及的餐饮标准及特殊要求，打电话安排就餐 2. 根据实际情况，向旅游者介绍餐厅情况与用餐要求、用餐时间及集合地点 3. 正确应对、处理旅游者的不同要求(如单独用餐、饮食禁忌等)
实训学时	建议1学时
实训地点	教室或导游实训室
实训条件	校内实训室：教师、学生所需电脑、多媒体设备，足够的情景展示空间，相应的情景展示道具等
实训流程与标准	1. 分配学习小组，教师给出问题，明确小组任务 2. 认真阅读接待计划，查找定点餐厅联系方式，打电话落实，注意电话礼仪 3. 下车前，交代集合登车时间，介绍餐厅特色、基本情况 4. 到达餐厅后安排好桌位，介绍餐厅饮品、饭菜特色，洗手间的位置，告知全陪、领队、司机用餐地点 5. 巡视饭菜的情况，征询大家的意见，做好与餐厅的协调工作

续表

实训流程与标准	6. 与餐厅前台结算，认真、正确填表 7. 各学习小组课堂进行情景展示，全班同学针对各小组的情景内容进行分析讨论、小组代表发言、各小组针对不同意见进行讨论 8. 教师对各小组的情景展示和讨论发言结果进行考核评价，小组之间进行互评 9. 教师布置课后任务，学生以小组为单位完成并提交
实训考核建议	1. 考核内容：态度＋纪律＋展示＋发言 2. 考核方式：课堂情景展示＋小组代表发言 3. 考核主体：教师、学生

【自我学习】

1. 理论测试题(判断)

地陪安排好旅游者后，赶紧用餐，为下一步安排做好准备，不用巡视。(　　)

2. 实训操作题

到达餐厅后，组织旅游者入座，做好相应介绍。

自我学习答案

【项目小结】

任务名称	知识、技能、素质
出发前的准备	掌握接待计划中涉及的基础知识，了解旅游者年龄、性别、职业等基本信息 培养组织旅游者的能力，提高处理、协调、解决、安排旅游者不随团活动的工作能力 提高礼仪修养，培养爱岗敬业精神
沿途导游服务	熟知当天活动安排；熟悉所在城市的基本概况，城市风土人情，沿途经过的特色、典型的景点、景观的相关知识 培养组织娱乐活动的能力；提高语言表达能力；提高随机应变的能力 提高礼仪修养，提升主人翁意识，培养爱岗敬业精神
景区游览服务	熟知景区示意图，掌握景区地形及安全状况，保证旅游者人身及财产安全；熟练掌握景区景点历史背景、特色、地位、价值、景观等知识的讲解 培养拍照技术；培养导游词讲解能力；培养组织、协调旅游者能力；培养查阅及处理资料能力、归纳分析能力以及语言表达能力 培养尊重旅游者意识，培养保护旅游者人身及财产安全的意识，培养爱岗敬业精神和团队合作能力
就餐服务	掌握接待计划中涉及的餐饮标准及特殊要求；知道旅游地特色餐厅、风味餐厅、西餐厅的名称、地点、联系方式；知道旅游者可能提出哪些餐饮方面的要求 培养处理旅游者提出各种餐饮要求的技巧；培养沟通、协调能力及独立处理问题的能力 培养旅游者至上意识，培养爱岗敬业精神

项目五　购物服务

【项目描述】

旅游购物作为我国旅游业的重要组成部分，属于非基本需要，是弹性较大的一项需求，旅游购物的发展不仅能促进旅游经济的发展，而且也能带动相关产业，促进地方社会经济繁荣。如今旅游购物已成为旅游者重要的旅游需求，是旅游者必不可少的一种消费活动。为旅游者提供优质的旅游购物场所，通过优质的商品、完善的服务，使旅游者真正放心购物，是发展旅游购物的重要环节。旅游购物不仅包括旅游活动中购买各种实物商品的行为，还应包括旅游中一切与购物相关的参观、游览、选购、娱乐等附带性活动。旅游者可以从这些附带性的购物体验中获得物质与精神双重享受。作为旅游从业人员，如果能为旅游者提供优质的旅游购物场所，就会给旅游者留下难忘的旅游经历。

>> 任务1　赴购物场所途中服务 <<

【任务描述】

模拟导游员带领旅游者去往旅游购物场所期间所需要进行的旅游购物场所的介绍、购物项目推荐、购物环境的介绍、旅游商品的推荐等专业导游服务。在实训过程中，学生通过导游员、旅游者、导购员等角色扮演，能够运用一定的推销技巧、讲解技巧，使旅游者能够提前对旅游购物拥有充分的了解。

【任务目标】

1. 知识目标：能设计去往购物场所途中所需导游服务情景、内容的案例，并根据赴购物场所途中所需内容进行角色分配、角色扮演，能够编写运用角色台词；能分析案例中导游员的讲解方法是否专业。

2. 技能目标：学会导游员在处理旅游者提出的各项问题时所需的表达方式方法，个别旅游者提出的特殊要求的处理方法、技巧以及服务原则，提升为旅游者提供优质服务的能力。

3. 素质目标：较高的专业素养，商品知识与产品优势的掌握，丰富的知识储备，沟通与语言表达能力，总结归纳与分析能力，随机应变能力，促进产品销售的能力。

【理论引导】

旅游购物从某种意义上来讲，属于经历型或体验型产品。旅游者可以从购物体验中获得物质与精神双重享受。一次完整的购物活动涉及各个方面、各种不同的利益主体，包括旅游商品、购物场所和人员。其中，旅游商品是旅游购物的核心，而任何旅游商品的购买都离不开特定的购物场所，旅游商品与购物场所的不同组合会带给顾客完全不同的心理感受，可增加魅力、强化经历，促进产品销售；而人作为购物中的“软件”要素，从业人员的服务态度、服务水平、商品知识、热情程度，以及旅游者与旅游从业人员的交流和沟通等都会影响旅游者的购买活动。

【实例分析】

带内地旅游团赴香港购物时该怎样进行导游服务

香港特别行政区使用的商品标准、售后服务、法律规范等方面与内地存在一定差异，旅游从业者若不事先了解，极有可能在带领旅游团进行购物时引发不愉快，所以作为专业的导游员，一定要事先对香港的商业圈以及商业模式做彻底、详尽的市场调查。例如，香港很多店铺10点甚至11点半才开门，中环大多七八点就打烊，但是商业密集圈如铜锣湾10点半还有的逛，弥敦道亦是如此，尖沙咀较热闹，柏丽购物大道及弥敦道东侧小路上一些店铺多营业到晚上10～12点。所以导游员要妥善规划。与内地相比，香港的商品特别是数码产品、首饰、化妆品等在质量、款式和价格方面有优势。但香港目前的法律没有针对商品包修、包退、包换的“三包”规定，所有保养、保修商品的方法均由经营者在销售合同上说明。因此，消费者在选购时必须仔细阅读销售合同的条款。同时，按照香港《货品售卖条例》规定，出售的商品只有因质量问题或经营者无销售资格等情况，消费者才可以提出退换要求，而一般的退货理由均不能得到承认。

案例解析

针对以上问题，作为一名专业的导游员，在带领旅游团来到香港商圈购物途中，务必先为每人准备一本地图册，并在车上详细介绍哪些地方可以购买奢侈品，哪些地方折扣力度大，哪些地方有价格较便宜的批发市场，哪些商铺开店闭店时间较早或较晚等，且一定要提醒旅游者切忌盲目相信店方的宣传。在购物时应及时索取发票或其他购物凭证，以备日后不时之需。并且要提醒旅游者注意：有些店铺为批发行，虽然有很多兼做零售，但如见到门上贴着“只接待批发客户”的字样，就不用白费口舌了。此外，一定要提醒旅游者注意人身、财产安全。

【任务实施】

实训任务	针对赴旅游者购物场所途中导游服务案例进行角色扮演并讨论分析
任务概述	情景案例：有位来自贵州的团员小张，在青岛旅游期间，前几天一直对旅游团安排的旅游项目赞不绝口，而当第四天旅游团按照计划去一玉石商场进行购物时，小张突然提出不想去购物，作为专业的导游员，你应该怎么做 由学生分别扮演小张、其他旅游者和导游员，设计情景内容、进行情景演练
实训学时	建议4学时
实训地点	教室或导游实训室
实训条件	1. 校内实训室：教师、学生所需电脑、多媒体设备，足够的情景展示空间，相应的情景展示道具等 2. 校外实习基地：学生能够跟团参与旅行社所安排的行程，进行全程观摩
实训流程与标准	1. 分配学习小组，教师给出案例，明确小组任务 2. 学习小组赴旅行社，作为实习导游，跟团观摩并学习专业导游人员如何带团和安排行程活动及处理旅游者的问题 3. 学习小组课前选择与熟悉情景案例，并分配角色、进行角色扮演并彩排 4. 各学习小组课堂进行情景展示，全班同学针对各小组的情景内容进行分析讨论、小组代表发言、各小组针对不同意见进行讨论 5. 教师对各小组的情景展示和讨论发言结果进行考核评价，小组之间进行互评 6. 教师布置课后任务，学生以小组为单位完成并提交
实训考核建议	1. 考核内容：态度＋纪律＋展示＋发言 2. 考核方式：课堂情景展示＋小组代表发言 3. 考核主体：教师、学生、企业兼职教师

>> 任务 2　购物过程服务 <<

【任务描述】

小组通过模拟旅游者在购物过程中提出的个别购物要求的案例情景，组员进行导游员、旅游者等角色扮演，在实训过程中，明确旅游者提出个别要求时的处理原则，学会处理方法，能够运用一定的服务技巧。

【任务目标】

1. 知识目标：能设计购物过程情景案例，并根据主要内容进行角色分配、角色扮演，能够编排角色台词，能分析案例中导游员所需服务技巧，处理方法是否得当。

2. 技能目标：学会导游员在处理旅游者个别购物要求中的技能、技巧，明确处理方法及处理原则。培养能够在妥善处理的同时，尽量为旅游者提供优质服务的能力。

3. 素质目标：丰富的知识；古董、艺术品等鉴别能力；查阅资料及资料处理能力；归纳分析能力；总结与汇报能力；随机应变能力；独立思考能力；沟通能力；语言表达能力。

【理论引导】

旅游者的个别购物要求是指旅游团到达旅游购物场所后，个别旅游者因个人的特殊需要，可能临时提出如不参加团队购物、单独外出购物、退换商品、代为购买等诸多要求。旅游者的个别要求是多种多样的，在时间上也具有随机性，如何在满足旅游者共同需要的同时处理好这些个别要求，不仅是对导游员处理问题能力的一种考验，而且也是对导游员服务质量的一种考验。因此，导游员应对旅游者提出的个别要求予以足够的重视，并及时、积极、合理地进行处理，使旅游者能够看到、感受到导游员为之做出的努力。

【实例分析】

旅游者提出退换货品的要求时

美丽的7月，云南导游员小秦接待了一个七日游的旅游团。相处七天，大家玩得很开心，导游员带领大家游玩了丽江、昆明、西双版纳等著名旅游景区景点。七天行程即将结束，此时团员小王突然找到导游员小秦，提出想退掉自己在西双版纳购买的一条纯银腰带。但是现在旅游团已经回到了昆明，第二天上午团员们就要离开云南回上海了，遇到这样的退换货品要求，导游员小秦应该怎么做呢？

案例解析

冲动消费是在旅游购物过程中经常遇到的一件事情。众所周知，云南的银制品是全国著名的，而纯银腰带又是在其他城市很难买到的物品，团员小王在旅游购物过程中，看到别的团员购买了纯银腰带，小王出于喜爱便也购买了一条。但是经过几天的考虑，小王觉得后悔了，所以要求导游员小秦帮助退掉所买纯银腰带。对此情况，导游员应尽量与商家进行联系，询问退换货所需程序，但因团员即将离开云南，再往返西双版纳时间已经来不及，所以导游员需事先与旅游者商量好，邮寄、托运等产生费用由旅游者本人负责。

【任务实施】

实训任务	针对旅游者购物过程中会出现的服务案例进行角色扮演并讨论分析
任务概述	情景案例：有个来自鄂尔多斯的旅游团到美丽的海南岛旅游，但是当旅游团的行程进行到需要去当地一家知名的海鲜市场进行购物时，有位团员小张提出因海鲜过敏不与旅游团一起购物，而是单独去水果市场进行购物，此时作为导游员应该怎么办 由学生分别扮演小张、其他旅游者和导游员，设计情景内容、进行情景演练
实训学时	建议4学时
实训地点	教室或导游实训室
实训条件	1. 校内实训室：教师、学生所需电脑、多媒体设备，足够的情景展示空间，相应的情景展示道具等 2. 校外实习基地：学生能够跟团参与旅行社所安排的行程，进行全程观摩
实训流程与标准	1. 分配学习小组，教师给出案例，明确小组任务 2. 学习小组赴旅行社，作为实习导游，跟团观摩并学习专业导游人员如何带团和安排行程活动及处理旅游者的问题 3. 学习小组课前选择与熟悉情景案例、分配角色、进行角色扮演并彩排 4. 各学习小组课堂进行情景展示，全班同学针对各小组的情景内容进行分析讨论、小组代表发言、各小组针对不同意见进行讨论 5. 教师对各小组的情景展示和讨论发言结果进行考核评价，小组之间进行互评 6. 教师布置课后任务，学生以小组为单位完成并提交

续表

实训考核建议	1. 考核内容：态度＋纪律＋展示＋发言 2. 考核方式：课堂情景展示＋小组代表发言 3. 考核主体：教师、学生、企业兼职教师

【自我学习】

自我学习答案

1. 理论测试题

1.1　多选题

旅游购物作为一种旅游行为，对当地(　　)等都会产生影响。

A. 社会文化　　B. 经济　　C. 其他领域　　D. 旅游政策

1.2　判断题

1.2.1　旅游购物本身就是旅游资源。(　　)

1.2.2　旅游购物不是单纯的购买商品的行为。(　　)

2. 实训操作题

2.1　案例：某旅游团抵达一木雕工艺品厂时，导游员小王按照协议规定给客人三个小时购物时间，进行自由购物，但是团员小美提出想利用这三个小时到隔壁玉石加工厂进行单独购物。

分析：针对上述情况导游员应该如何处理？

2.2　案例：旅游者小董来到云南旅游，听说有很多人赌石发了财，小董并不懂玉石知识，只因听说赌石可能会发财，便执意要去赌石。

分析：针对上述情况导游员应该如何处理？

实训要求：

(1)学习小组模拟场景，分派角色；

(2)导游员按照程序进行处理；

(3)学习小组录制情景案例及处理过程视频，并撰写处理报告。

【项目小结】

任务名称	知识、技能、素质
赴购物场所途中服务	赴购物场所途中的服务原则，赴购物场所的注意事项；专业能力；语言表达能力，沟通技巧；团队协作
购物过程服务	购物过程的服务原则；旅游者个别要求的处理方式；专业能力；语言表达能力，沟通技巧；团队协作

项目六　娱乐活动服务

【项目描述】

旅游娱乐活动是指旅游者在旅游活动中所观赏和参与的文娱活动。它是构成旅游活动的基本要素之一，同时也是旅游产品消费的主要内容和导游服务工作的中心环节。在旅游娱乐活动过程中，导游员应努力保证旅游团全程安全、顺利，使旅游者详细了解娱乐活动的内容、特色、历史背景，以及其他感兴趣的问题。为此，导游员必须认真准备、精心安排、热情服务、生动讲解，为旅游者提供满意的服务。

>> 任务1　观赏性娱乐活动导游服务 <<

【任务描述】

观赏性旅游娱乐指的只是一次旅游活动中的一种旅游行为，其旅游活动并不一定以娱乐为主要动机，也可能是在其他类型旅游活动过程中穿插的文娱活动项目，注重旅游活动的娱乐性和参与性。小组通过模拟旅游团在观赏性娱乐活动的导游过程中所需的服务情景案例，组织导游员、旅游者等角色扮演，在实训过程中，明确导游人员应如何进行专业、系统的导游服务。

【任务目标】

1. 知识目标：能设计以观赏性娱乐活动为主题的案例，并根据主要内容进行角色分配、角色扮演，能够编排角色台词；能分析案例中导游员的工作流程是否专业。

2. 技能目标：培养导游员的专业素养；培养大型且人员密集的场所中对团员的安保及突发状况预警、应对能力。

3. 素质目标：组织能力、时间观念、团队合作能力、语言表达能力；总结与汇报能力；独立思考能力。

【理论引导】

观赏性娱乐活动不仅是遗址遗迹的观赏、天气气象的观赏、动植物的观赏，还包含人文历史的观赏、民俗文化的观赏、科普活动的观赏、节庆活动的观赏等。参加此类活动时，因人员密集、活动丰富、环境复杂等原因，对导游员的专业素养及处理突发事件、应急应变能力是一种极大的考验。导游员在观赏旅游场所进行导游工作时，既要对观赏旅游景点进行实时、生动的讲解说明，还要对场地环境、卫生、安全、人员等进行严密监控，以防团员在旅游场地发生走失、走散、安全意外等状况，同时有义务对旅游者进行安全预警、提醒团员跟紧团队，在一些特殊场地提醒旅游者要严格遵守场地的规章制度等，使旅游者得到热情周到的旅游服务体验。因此，导游员需要时刻保持警惕，保持头脑清醒，当旅游者在旅游场所发生状况时，应处置有度，方法恰当，态度要耐心热情。

【实例分析】

旅游者在参观博物馆不看警示牌随意乱摸乱照时的处理

全陪小金带领旅游团进入上海博物馆进行观光旅游活动，场馆内有许多珍贵的文物，如青铜器、陶器、钱币、古玉、玺印等。旅游团到来时，展馆正在展出明清时期的家具等，有许多展品蜚声海内外，堪称稀世珍品。所以进入场馆前，小金也跟团员强调了入场须知，如场馆内需保持安静，不允许拍照，不允许触摸展品等。可当团员进入场馆进行自由观展途中，有位团员小宋的儿子，竟然越过围栏，自行进入隔离带内，坐在了一把珍贵的的木椅上。这时作为领队的导游员该怎么办呢？

案例解析

众所周知，博物馆内的藏品或展品，大多具有不可再生性、难以估价等特点，如果被损坏很难得到修复，即便修复也可能使藏品价值大打折扣，因此大多藏品是不允许触碰的。所以，导游员如发现此类事件，应及时制止旅游者并予以劝诫，如发现有破坏藏品等行为，应及时配合馆方调取监控等，情节严重时可依据相关法律法规进行处理。

【任务实施】

实训任务	针对旅游者进行观赏性旅游的场景进行角色扮演并讨论分析
任务概述	情景案例：导游员小利带领一个高端纯游旅游团来到云南观看“印象云南”大型演出，但不巧的是天空下起了毛毛雨。通过询问，工作人员表示演出并未取消，景点会给旅游者提供挡雨设备，需要以团为单位排队领取。但因排队时间较长，等轮到本团时，小利发现有一名团员小敏不知去向，经过询问了解小敏自行去了洗手间。这个时候小利该怎么做呢 由学生分别扮演导游员小利、团员小敏和其他旅游者，设计情景内容、进行情景演练
实训学时	建议 4 学时
实训地点	教室或导游实训室
实训条件	1. 校内实训室：教师、学生所需电脑、多媒体设备，足够的情景展示空间，相应的情景展示道具等 2. 校外实习基地：学生能够跟团参与旅行社所安排的行程，进行全程观摩

续表

实训流程与标准	1. 分配学习小组，教师给出案例，明确小组任务 2. 学习小组赴旅行社，作为实习导游，跟团观摩并学习专业导游人员如何带团和安排行程活动及处理旅游者的问题 3. 学习小组课前选择与熟悉情景案例，并进行角色分配、角色扮演和彩排 4. 各学习小组课堂进行情景展示，全班同学针对各小组的情景内容进行分析讨论、小组代表发言、各小组针对不同意见进行讨论 5. 教师对各小组的情景展示和讨论发言结果进行考核评价，小组之间进行互评 6. 教师布置课后任务，学生以小组为单位完成并提交
实训考核建议	1. 考核内容：态度＋纪律＋展示＋发言 2. 考核方式：课堂情景展示＋小组代表发言 3. 考核主体：教师、学生、企业兼职教师

>>任务2　参与性娱乐活动导游服务<<

【任务描述】

参与性娱乐活动可分为休闲娱乐、探险娱乐、自娱活动等，在此类娱乐活动中导游员应做到不卑不亢、有理有节、把握分寸。除自娱活动外，导游员要自始至终陪同，坚守岗位，以免发生意外。进行参与性娱乐活动时，应注意如果有避免高血压、心脏病、身体情况特殊者参与等安全提示，一定要对旅游者进行安全提示和排查。小组通过模拟旅游者参加参与性娱乐活动的案例情景，进行导游员、旅游者等角色扮演，在实训过程中，明确导游员应尽的职责，学会处理参与性娱乐活动过程中突发的一系列状况等。

【任务目标】

1. 知识目标：能设计参与性娱乐活动的案例，并根据主要案例内容进行角色分配、角色扮演，能够配合实际工作中可能遇到的具体内容编排台词；能分析案例中导游员的处理方法是否合理，是否专业。

2. 技能目标：学会导游员处理参与性娱乐活动中的管理方法、管理技巧，明确处理一些特别状况时的原则。培养能够在妥善处理问题的同时，具备为旅客提供优质服务的能力。

3. 素质目标：组织能力、带动能力、观察能力、表演能力；语言表达能力；判断能力、团队合作能力；归纳分析能力；总结与汇报能力。

【理论引导】

安排旅游者参加或观看计划内的参与性娱乐活动时，导游员应陪同前往，并向旅游者介绍节目内容及特点，引导旅游者入场或者就座，需向旅游者介绍场所内一些必要的设施以及具体的位置，需向旅游者阐明参加节目所需时间、结束时集合地点等信息。在旅游者参加参与性娱乐活动或观看大型娱乐节目时，地陪导游员应全程坚守岗位，并积极与全陪或领队进行配合，提醒旅游者不要掉队或走散，同时密切注意团员的动向和周围的环境状况，以防意外情况的发生。

参与性娱乐活动会因热闹的歌舞、欢乐的节目带来轻松、快乐、热闹的氛围，可以促进团员之间的感情交流。优秀的导游员可在此时把握机会，尽情展现专业服务技能，通过高明的讲解技巧和细致周到的服务技巧来赢得旅游者的信任和赞赏，和旅游者建立很好的友谊。这也是一种无形资产，能够在整个带团过程中省去不少不必要的麻烦。

【实例分析】

参与性娱乐活动期间出现状况该怎么办

某旅游团一行16号到达青岛市，按计划上午参观景点，下午自由活动，晚上六点去参加一年一度的啤酒节盛宴。啤酒节期间，旅游者不但可以品尝到各知名品牌的啤酒、烧烤等美味，还能参与花车表演、歌舞晚会等丰富多彩的文娱活动。但是部分团员提出希望利用下午的时间去奥特莱斯大采购，放弃参加晚间的活动，同时希望旅行社能够派车接送。针对此种情况，导游员应该怎样处理？应做好哪些工作？

案例解析

1. 导游员在未请示旅行社领导做好日程安排之前，切勿答应旅游者的要求；
2. 可以允许部分旅游者利用自由活动的时间去进行大采购；
3. 如果啤酒节举行的地点与奥特莱斯同一路线，且时间不冲突，可以考虑满足派车的要求，与参加啤酒节的旅游者一同前往，但如果不同路，则需要旅游者自行解决出行工具；
4. 安排路线当中如产生门票等费用，需告知自由活动的旅游者费用不退还；
5. 提醒自由活动的旅游者注意安全、尽早返回酒店；
6. 如果条件允许，全陪可与地陪、领队商量后分别带领团员出行。

【任务实施】

实训任务	针对个别旅游者提出更换既定参与性娱乐活动的要求进行情景再现、角色扮演并讨论分析
任务概述	情景案例：某旅游团一位重要客人，提出不愿观看原定的文艺演出，并愿意补差价给旅游团，去观看另一场大型演出，他的提议还被全团的旅游者采纳。这个时候导游员小雄应该怎样处理 由学生扮演小雄、重要客人以及其他旅游者，设计情景内容、进行情景演练
实训学时	建议4学时
实训地点	教室或导游实训室
实训条件	1. 校内实训室：教师、学生所需电脑、多媒体设备，足够的情景展示空间，相应的情景展示道具等 2. 校外实习基地：学生能够跟团参与旅行社所安排的行程，进行全程观摩
实训流程与标准	1. 分配学习小组，教师给出案例，明确小组任务 2. 学习小组赴旅行社，作为实习导游，跟团观摩并学习专业导游人员如何带团和安排行程活动及处理旅游者的问题 3. 学习小组课前选择与熟悉情景案例，分配角色、进行角色扮演并彩排 4. 各学习小组课堂进行情景展示，全班同学针对各小组的情景内容进行分析讨论、小组

续表

实训流程与标准	代表发言、各小组针对不同意见进行讨论 5. 教师对各小组的情景展示和讨论发言结果进行考核评价，小组之间进行互评 6. 教师布置课后任务，学生以小组为单位完成并提交
实训考核建议	1. 考核内容：态度＋纪律＋展示＋发言 2. 考核方式：课堂情景展示＋小组代表发言 3. 考核主体：教师、学生、企业兼职教师

【自我学习】

1. 理论测试题

1.1　填空题

在参与性娱乐活动的导游过程中，地陪应注意旅游者的（　　），防止旅游者走失和意外的发生。

自我学习答案

1.2　多选题

观赏性娱乐活动出发前应有哪些服务？（　　）

A. 提前到达出发地点　　B. 核实实到人数

C. 提醒旅游者注意事项　　D. 准时集合登车

1.3　判断题

1.3.1　观赏性娱乐活动主要以参观为目的。（　　）

1.3.2　参与性娱乐活动途中地陪可以不陪同。（　　）

2. 实训操作题

2.1　案例：小丽带领旅游团去看大象杂技表演。团员小九看到大象表演时经常有训练员喂其吃香蕉，便想去给大象喂食香蕉。

分析：针对上述情况导游员应该如何处理？

2.2　案例：小玲带团去看了攀岩表演，此时有位团员小贤执意要体验攀岩活动。

分析：针对上述情况导游员应该如何处理？

实训要求：

(1)学习小组模拟场景，分派角色；

(2)导游员按照程序进行处理；

(3)学习小组录制情景案例及处理过程视频，并撰写处理报告。

【项目小结】

任务名称	知识、技能、素质
观赏性娱乐活动导游服务	个别要求的处理原则，观赏性娱乐服务的注意事项；组织能力，处理方式；语言表达能力，沟通技巧；团队协作
参与性娱乐活动导游服务	个别要求的处理原则，参与性娱乐服务的注意事项；组织能力，处理方式；语言表达能力，沟通技巧；团队协作

项目七　送行服务

【项目描述】

旅游团结束旅游活动后，地陪应做到使旅游者顺利、安全地结束旅游行程，并安全离开游览地。如旅游接待过程中发生不愉快，导游员应在旅游者离开前尽量弥补。如有遗留问题，导游员应及时、妥善处理，使整个旅游活动在旅游者心目中留下良好的印象。

>>任务1　送行前准备<<

【任务描述】

送行服务是导游工作的最后一个环节。如果处理不好，将影响旅游者对旅游活动的整体印象，使之前的导游接待工作前功尽弃。因此，在导游接待活动中，一定要做好送行这最后一步，使旅游活动圆满成功。小组通过模拟旅游者结束行程准备离开的情景，进行导游员、旅游者等角色扮演，在实训过程中，运用所学知识，模拟在此过程中可能出现的状况，并学会如何处理。

【任务目标】

1. 知识目标：能设计送行服务案例，并根据案例中主要情景及内容进行角色分配、角色扮演，能够运用理论知识编排角色台词；能分析案例中的导游员在送行工作中有哪些不足之处。

2. 技能目标：学会导游员在面对旅游者离开前出现的各种问题的应对方法、技巧。培养能够在妥善处理问题的同时，站好最后一班岗，提供优质服务的能力。

3. 素质目标：协调能力、组织能力、调度能力、分析能力、随机应变能力、团队合作能力；归纳分析能力；语言表达能力；总结与汇报能力。

【理论引导】

旅游者在结束旅游行程时，都会遇到如出发时间确认，航班、车次确认，行李超重，需托运行李，叫早服务，退房服务等诸多琐碎问题，此时许多旅游者也往往会出现焦躁、忙中出乱等情况。此时作为导游员应当更加细心、周到地进行服务。将能够想到的问题预先安排好，如提前核对并确认旅游者出发航班、车次等信息；提前安排好送行车辆；提前与酒店行李员接洽运送行李事宜；提前商定出发、叫早服务；提前安排好餐饮等事宜；提前理清旅游者在酒店产生的费用信息；及时归还旅游者的证件等。应做到一项一项认真落实，仔细查验，以免忙中出乱。正式出发时应照顾到全体团员，尤其老弱病残旅游者需要格外注意并给予更多关照。

【实例分析】

发现旅游者行李超重怎么办

全陪小夏所带旅游团明天上午即将离开，小夏在安排明日出发事宜时，发现团员李奶奶的机票只允许携带一件手提行李，没有包含免费托运行李额，但是李奶奶却有一件近30千克的行李需要托运。经询问，李奶奶并不知道自己所买机票里不含免费托运行李服务。此时全陪小夏该如何处理？

案例解析

一般来讲，购买机票都会有免费托运行李这项服务，如头等舱可托运40千克行李，公务舱可托运30千克行李，经济舱可托运20千克行李。而李奶奶遇到的这个问题，很可能是因为李奶奶所购买的机票是旅游旺季各航空公司做的促销活动，即所谓的打折机票。此时全陪小夏可与李奶奶商量，明日出发时在机场办理随机托运手续，或者选择一家快递公司将行李速递回家。

【任务实施】

实训任务	针对送行服务的情景案例进行角色扮演并讨论分析
任务概述	情景案例：某团结束旅游项目即将离开旅游地。在机场办理登记手续时，王阿姨夫妇突然找到导游员小夏。原来在酒店办理退房等一系列手续时，王阿姨夫妇收拾好行囊便带着行李进入餐厅吃早点，吃完早点后直接上了送行车辆来到机场，可刚才办理登记手续时，突然发现自己购买的土特产不见了。考虑再三，想起忘在了酒店餐厅 由学生扮演导游员小夏和旅游者王阿姨夫妇，设计情景内容、进行情景演练
实训学时	建议4学时
实训地点	教室或导游实训室
实训条件	1. 校内实训室：教师、学生所需电脑、多媒体设备，足够的情景展示空间，相应的情景展示道具等 2. 校外实习基地：学生能够跟团参与旅行社所安排的行程，进行全程观摩
实训流程与标准	1. 分配学习小组，教师给出案例，明确小组任务 2. 学习小组赴旅行社，作为实习导游，跟团观摩并学习专业导游人员如何带团和安排行程活动及处理旅游者的问题 3. 学习小组课前选择与熟悉情景案例，分配角色、进行角色扮演并彩排 4. 各学习小组课堂进行情景展示，全班同学针对各小组的情景内容进行分析讨论、小组代表发言、各小组针对不同意见进行讨论 5. 教师对各小组的情景展示和讨论发言结果进行考核评价，小组之间进行互评 6. 教师布置课后任务，学生以小组为单位完成并提交

续表

实训考核建议	1. 考核内容：态度＋纪律＋展示＋发言 2. 考核方式：课堂情景展示＋小组代表发言 3. 考核主体：教师、学生、企业兼职教师

>> 任务 2 离店服务 <<

【任务描述】

离店服务是旅游团离开前，导游员需要确认的最后一个环节。在这个环节当中，小组通过模拟导游员帮助旅游者办理退房、集中办理搬运行李、退还身份证件、集合等车等内容编写案例，进行导游员、旅游者等角色扮演。在实训过程中，思考旅游者可能出现的问题，作为导游员又该如何处理所发生的问题。

【任务目标】

1. 知识目标：能设想离店期间会发生的问题并设计案例，根据案例内容进行角色分配、角色扮演；设计情景台词；分析案例中导游员的工作有无遗漏或处理问题是否专业。

2. 技能目标：学会处理旅游者在离店前的突发状况。讲究技巧、讲究原则。培养能够在妥善处理的同时，为旅客提供优质服务的能力。

3. 素质目标：组织能力、协调能力、判断能力、记忆能力；处理实务的能力；团队协作能力；归纳分析能力等。

【理论引导】

如果旅游团配有行李车，离开饭店前，地陪需按商定好的时间与饭店行李员办理好行李交接手续。旅游者的行李集中后，地陪应与领队和全陪共同确认托运行李件数，检查行李是否上锁，捆扎是否牢固、有无破损等，然后再交付行李员进行搬运，填写行李运送卡。行李件数一定要当着行李员的面清点、交接清楚。

【实例分析】

旅游者在离店前出现问题该如何处理

某旅游团在进行团体退房手续，此时团员小郑给导游员打来电话，说他在外面见个朋友，来不及回酒店办理退房手续，他选择自行去往机场等候大家，房间内的物品他都已经随身携带好了，只有房卡还在他身上。此时作为导游员应该怎么做？

案例解析

在这个案例当中，团员小郑已经带好随身物品，所以作为导游员，只需要与他确认好见面地点。酒店这边先让酒店服务员确认小郑的房间有无损坏物品、有无自费消费品等，即可为小郑办理退房手续。房卡可在送机服务时取回，提前与酒店商量好，等将团员全部送走以后送还至酒店即可。

【任务实施】

实训任务	针对办理离店手续时旅游者出现的个别案例进行角色扮演并讨论分析
任务概述	情景案例：某旅游团办理完离店手续，在送行车辆即将到达机场的时候，团员小张想起自己前两天在酒店干洗的一件外套忘记取了，作为导游员应如何正确处理 由学生扮演旅游者小张、导游员和酒店前台人员，设计情景内容、进行情景演练
实训学时	建议 4 学时
实训地点	教室或导游实训室
实训条件	1. 校内实训室：教师、学生所需电脑、多媒体设备，足够的情景展示空间，相应的情景展示道具等 2. 校外实习基地：学生能够跟团参与旅行社所安排的行程，进行全程观摩
实训流程与标准	1. 分配学习小组，教师给出案例，明确小组任务 2. 学习小组赴旅行社，作为实习导游，跟团观摩并学习专业导游人员如何带团和安排行程活动及处理旅游者的问题 3. 学习小组课前选择与熟悉情景案例，分配角色、进行角色扮演并彩排 4. 各学习小组课堂进行情景展示，全班同学针对各小组的情景内容进行分析讨论、小组代表发言、各小组针对不同意见进行讨论 5. 教师对各小组的情景展示和讨论发言结果进行考核评价，小组之间进行互评 6. 教师布置课后任务，学生以小组为单位完成并提交
实训考核建议	1. 考核内容：态度＋纪律＋展示＋发言 2. 考核方式：课堂情景展示＋小组代表发言 3. 考核主体：教师、学生、企业兼职教师

>> 任务 3　送站服务 <<

【任务描述】

送站服务是导游员的最后一项服务，即与全陪、领队移交票据和行李票据，帮助全陪、领队清点交接行李给旅游者，帮助旅游者办理托运等手续，直至旅游团离开，地陪导游员的工作方算完成。小组通过模拟旅游者离开时所需的服务内容编写案例，进行导游员、旅游者等角色扮演，在实训过程中，结合所学理论知识，思考导游员应如何做到事无巨细、完美地完成服务。

【任务目标】

1. 知识目标：能设计送站所需服务案例，并根据案例内容进行角色分配、角色扮演；设计角色使用的台词；分析案例中导游员的工作是否专业、到位。

2. 技能目标：学习导游员送站过程中的服务技巧、处理个别旅游者突发状况的方法，培养周到、妥善处理问题的同时，为旅游者提供优质服务的能力。

3. 素质目标：组织能力、应变能力、沟通能力、思考能力、表达能力、处理事务的能力、归纳分析能力、总结与汇报能力。

【理论引导】

送站服务是旅游团结束当地旅游行程的最后一个环节，如何使旅游者顺利、安全离开？如有遗留问题，作为导游员又如何及时、妥善处理？对旅游团接待期间发生的不愉快如何弥补？此类问题都应在送站服务过程中得到解决。

【实例分析】

导游员在送站过程中出现问题的处理

早晨7点50分，某旅游团全体成员已经按照约定登上送行巴士，准备离开酒店前往火车站。而此时地陪导游员小米从外面匆匆赶到，登车后清点人数无误，便让司机开车前往火车站。在行车途中，导游员小米对团员们说："女士们，先生们，早上好！全团28位旅客已全部到齐，我们现在开车前往某某火车站。到达火车站后大家乘坐9点50分的某某次火车，前往目的地某某站。七天的行程就这样愉快地度过了，感谢大家对我工作的支持与配合。"到达火车站后，小米帮助大家搬了行李，将旅游者送进了车站。作为专业的导游员，你觉得导游员小米的哪些工作程序有误呢？

案例解析

此案例中作为专业的导游员，小米做错了以下几点：1. 小米本应提前到达，但他迟到了；2. 由于迟到，他未按规定，与全陪、领队一起跟酒店行李员核对行李；3. 没有做到提醒旅游者结账、退回房卡；4. 没有提醒旅游者带好自己的随身物品及证件等；5. 没有征求旅游者的意见、建议；6. 没有按规定致欢送词；7. 下车时虽然帮助旅游者搬行李，但未做到再次提醒旅游者带好随身物品等。

【任务实施】

实训任务	针对旅游者将行李遗落在送行车上的情景编写案例，进行角色扮演并讨论分析
任务概述	情景案例：某旅游团两位旅游者在下车时，将自己随身携带的包裹遗落在了汽车座位上。包裹内装有两位旅游者的证件以及火车票，可是上车的时间马上就要到了，而送行巴士将他们送到火车站后已离开。此时导游员小郭该怎么做 由学生扮演导游员小郭和两位丢失物品的旅游者，设计情景内容、进行情景演练
实训学时	建议4学时
实训地点	教室或导游实训室
实训条件	1. 校内实训室：教师、学生所需电脑、多媒体设备，足够的情景展示空间，相应的情景展示道具等 2. 校外实习基地：学生能够跟团参与旅行社所安排的行程，进行全程观摩
实训流程与标准	1. 分配学习小组，教师给出案例，明确小组任务 2. 学习小组赴旅行社，作为实习导游，跟团观摩并学习专业导游人员如何带团和安排行程活动及处理游客问题 3. 学习小组课前选择与熟悉情景案例，分配角色、进行角色扮演并彩排 4. 各学习小组课堂进行情景展示，全班同学针对各小组的情景内容进行分析讨论、小组代表发言、各小组针对不同意见进行讨论 5. 教师对各小组的情景展示和讨论发言结果进行考核评价，小组之间进行互评 6. 教师布置课后任务，学生以小组为单位完成并提交
实训考核建议	1. 考核内容：态度＋纪律＋展示＋发言 2. 考核方式：课堂情景展示＋小组代表发言 3. 考核主体：教师、学生、企业兼职教师

>> 任务4　致欢送词<<

【任务描述】

导游员向全体旅游者致欢送词，是对整个接待过程做一个收尾的工作，可以加深与旅游者之间的感情。致欢送词的语气应该真挚、富有感情，地点可选在赴机场(车站、码头)的途中或到达的候机(候车、候船)大厅里。小组通过模拟导游员面对旅游者致欢送词的情景编写案例，进行导游员、旅游者等角色扮演，在实训过程中，做到感情真挚、富有感染力。

【任务目标】

1. 知识目标：能设计一套欢送词，并设计场景分配角色、角色扮演，能够将欢送词一应包含的主要内容包含在内。

2. 技能目标：学会导游员致导游词的方法、技巧，为整个服务增光添彩。

3. 素质目标：总结能力、演说能力、语言表达及语言感染能力、处理遗留问题的能力。

【理论引导】

欢送词的内容包含：

1. 回顾旅游活动，感谢大家的合作；

2. 表达友谊和惜别之情；

3. 诚恳征求旅游者对接待工作的意见和建议；

4. 若旅游过程中有不顺利或服务不到位、不尽如人意之处，导游员可借此机会再次向旅游者赔礼道歉；

5. 表达美好祝愿。

送团途中，地陪可将旅游服务质量意见反馈表发给旅游者代表，请其填写。旅游者填写完毕后如数收回，妥善保存，以便总结带团中遇到的问题

【实例分析】

旅游者结束旅游后结算未使用费用

某旅行社导游员小新接待一个来自台湾的旅游团，该团原计划在当地游玩5天，但团员小齐到达第二天便因水土不服腹泻不止，导游员小新紧急将小齐送到医院进行了治疗。但因小齐身体虚弱，需要休息养病，所以接下来几天的行程，小齐都没能够参加。旅行团日程结束后，小齐随团回到了台湾。作为导游员，小新应如何妥善处理小齐的退费问题?

案例解析

1. 将小齐的情况立即报告旅行社领导，进行备案，以备返还旅游协议上未产生的费用。

2. 记录小齐在团期间产生的饮食、住宿等消费，并留凭据。

3. 核算往返机票、车程费用等，并留凭据。

4. 核算小齐未能参与的项目所应退还的费用。

5. 小齐因病未参加原定旅游项目，并非主观意志行为，属于不可抗性意外事件，所以通过综合评定，经旅行社结算后，按旅游协议书规定退还未产生费用部分。

【任务实施】

实训任务	每位同学进行一段欢送词的创作，并进行展示
任务概述	情景案例：小玉所带的旅游团成员为香港旅游者，今日旅游团结束在呼伦贝尔大草原的草原五日游行程，即将启程离开酒店，此时小玉应如何致欢送词 由学生扮演小玉和香港旅游团旅游者，设计情景内容、进行情景演练
实训学时	建议4学时
实训地点	教室或导游实训室
实训条件	1. 校内实训室：教师、学生所需电脑、多媒体设备，足够的情景展示空间，相应的情景展示道具等 2. 校外实习基地：学生能够跟团参与旅行社所安排的行程，进行全程观摩
实训流程与标准	1. 分配学习小组，教师给出案例，明确小组任务 2. 学习小组赴旅行社，作为实习导游，跟团观摩并学习专业导游人员如何带团和安排行程活动及处理旅游者的问题 3. 学习小组课前选择与熟悉情景案例，分配角色、进行角色扮演并彩排 4. 各学习小组课堂进行情景展示，全班同学针对各小组的情景内容进行分析讨论、小组代表发言、各小组针对不同意见进行讨论 5. 教师对各小组的情景展示和讨论发言结果进行考核评价，小组之间进行互评 6. 教师布置课后任务，学生以小组为单位完成并提交
实训考核建议	1. 考核内容：态度＋纪律＋展示＋发言 2. 考核方式：课堂情景展示＋小组代表发言 3. 考核主体：教师、学生、企业兼职教师

【自我学习】

1. 理论测试题

1.1 填空题

1.1.1 送站前的服务准备有(　　)，(　　)，(　　)，(　　)，(　　)。

1.1.2 送团结束后要完成后续工作有(　　)，(　　)，(　　)。

1.2 多选题

欢送词应包括哪些内容？(　　)

A. 回顾旅游活动　　B. 表达友谊和惜别

C. 征求意见和建议　　D. 表达美好祝愿

1.3 判断题

1.3.1 旅游者退房离店前，地陪应到饭店前台办理退房手续，收齐所有房卡并交到前台，核对账目，确认无误后结账、退房。(　　)

1.3.2 导游员应保管旅游团所有成员的旅行证件。(　　)

自我学习答案

2. 实训操作题

2.1　案例：某旅游团在即将离开旅游地返程的前一天，有位旅游者提出想在此地多停留几天，因为有位朋友恰巧途经此地，想陪他游玩几天再走，并请导游员帮他改签机票，续订房间。

分析：针对上述情况导游员应该如何处理？

2.2　案例：当旅游者即将离开旅游地时，突然想起忘记带充电器，提出让导游员帮助找寻并邮寄回去。

分析：针对上述情况导游员应该如何处理？

实训要求：

(1)学习小组模拟场景，分派角色；

(2)导游员按照程序进行处理；

(3)学习小组录制情景案例及处理过程视频，并撰写处理报告。

【项目小结】

任务名称	知识、技能、素质
送行前准备	送行前准备的原则，送行前准备内容；组织能力、语言表达能力，沟通技巧；团队协作
离店服务	离店服务的原则，离店服务内容；组织能力、语言表达能力，沟通技巧；团队协作
送站服务	送站服务的原则，送站服务内容；组织能力、语言表达能力，沟通技巧；团队协作
致欢送词	总结归纳的原则，总结归纳的流程；组织能力、语言表达能力，沟通技巧；团队协作

模块二　景区导游

【模块描述】

掌握景区服务规范，熟悉景区导游服务的程序，了解景区导游的服务准备，能够解决景区游览过程中的实际问题。

项目一　景区导游服务

【项目描述】

通过本项目的学习，了解景区导游服务流程，掌握景区导游服务工作技巧，提升景区导游综合服务能力。

>> 任务1　服务准备 <<

【任务描述】

通过学习景区服务相关理论知识，明确景区导游人员上岗前应具备的知识和技能，进而提高服务意识和水平。

【任务目标】

1. 知识目标：掌握景区导游人员必备的知识，明确景区导游服务流程。
2. 技能目标：顺利完成景区讲解活动，灵活应对游览过程中遇到的各种问题。
3. 素质目标：查阅资料及资料处理能力；文字编写的能力；总结与汇报能力。

【理论知识】

一、业务准备

导游员接到接待任务通知单（表2-1）后，要及时了解和分析团队的情况，做好相应的讲解准备工作；导游员要预先了解来访旅游者所在国家或地区的宗教信仰、风俗习惯和禁忌；对旅游者有特殊需要的讲解内容事先应进行准备。

表2-1　景区接待任务通知单

景区接待任务通知单	
编号：00000001 年　月　日	
来宾单位	

续表

<table>
<tr><td>带队领导</td><td colspan="2"></td><td rowspan="2">人数</td><td rowspan="2"></td></tr>
<tr><td>陪同人员</td><td colspan="2"></td></tr>
<tr><td>联络人员</td><td colspan="2"></td><td>联系电话</td><td></td></tr>
<tr><td>接待内容</td><td colspan="4"></td></tr>
<tr><td>门票优惠</td><td colspan="2"></td><td>讲解</td><td></td></tr>
<tr><td rowspan="2">接待休息</td><td rowspan="2"></td><td rowspan="2">赠送礼品</td><td>份数</td><td></td></tr>
<tr><td>种类</td><td></td></tr>
<tr><td>办公室意见</td><td colspan="4"></td></tr>
<tr><td>景区领导审批意见</td><td colspan="4"></td></tr>
</table>

二、语言准备

讲解员应在以普通话为普遍使用的语言的基础上，根据旅游者的文化层次做好有关专业术语的解释；对于民族地区的景区，讲解员还应根据旅游者的情况提供民族语言和普通话的双语讲解服务；对于外籍旅游者，外语讲解员应准备相应语言的讲解服务。

三、知识准备

景区讲解员的知识准备主要包括：掌握必要的环境保护和文物保护知识；熟悉景区的有关管理规定；熟悉并掌握该景区讲解知识内容，根据不同景区的情况，分为自然科学知识、历史和文化遗产知识、建筑和园林艺术知识、宗教知识等；根据旅游者对讲解的时间长度、认知深度的不同要求，讲解员应准备两种或两种以上的讲解方案，以适应不同旅游团队或个体旅游者的需求。

四、物质准备

讲解员上岗前应做好的物质准备工作主要包括：佩戴好景区讲解员的上岗标志；如有需要，准备好无线传输讲解用品；准备好需要发放的相关材料，如景区导游图、景区(点)介绍等；准备好接待团队时所需要的票证。

五、形象准备

景区讲解员的形象应符合：着装整洁、得体，有着装要求的景区，也可以根据景区的要求穿着工作服或定制服装；饰物佩戴及发型要符合景区要求，女讲解员一般要求化淡妆；言谈举止应文明稳重，自然而不做作；接待旅游者应热情诚恳。

【任务实施】

实训任务	景区导游服务准备
任务概述	掌握景区导游人员必备的知识，明确景区导游服务流程；顺利完成景区讲解活动，灵活应对游览过程中的各种问题；查阅资料及资料处理能力；文字编写的能力；总结与汇报能力
实训学时	建议2学时
实训地点	教室或导游实训室
实训条件	1. 校内实训室：学生用电脑、多媒体设备等 2. 各种事故的案例，各种证件
实训流程与标准	1. 分配实训小组，明确小组任务，学生分别扮演旅游团成员与导游员 2. 模拟导游员了解团队基本情况的场景 3. 模拟景区导游员在接团前准备工作的场景 4. 教师对学生情景模拟过程进行考核，并做指导 5. 学习小组修改形成稿件，提交最后成果
实训考核建议	1. 考核内容：态度＋纪律＋汇报＋成果 2. 考核方式：课堂展示汇报＋实训成果文本 3. 考核主体：教师、学生

【自我学习】

1. 理论测试题

1.1 景区导游服务准备一般包括(　　)、(　　)、(　　)、(　　)、(　　)。

1.2 讲解员上岗前应做好的物质准备工作主要包括(　　)、(　　)、(　　)、(　　)。

自我学习答案

2. 实训操作题

模拟景区导游员在接团前准备工作场景。

实训要求：

(1)学习小组模拟景区导游员在接团前准备工作场景；

(2)学习小组探讨准备工作并撰写报告。

>> 任务2　接待服务<<

【任务描述】

掌握景区接待工作的服务流程、主要内容，顺利完成景区接待服务。

【任务目标】

1. 知识目标：掌握景区接待工作的服务流程、主要内容。

2. 技能目标：顺利完成景区接待服务。

3. 素质目标：查阅资料及资料处理能力；文字编写的能力；总结与汇报能力。

【理论知识】

一、迎接旅游团

景区导游员一般在景区大门迎接旅游团的到来。见到团队后，应通过观察或向随团导游询问，简单了解旅游团的基本情况，如成员文化水平和职业背景、在景区停留时间和旅游线路等；再将旅游者集中起来，正式开始景区导游工作。

二、致欢迎词

欢迎词好比一场戏的“序幕”，一首乐章的“序曲”。致欢迎词是给旅游者留下良好的第一印象的好机会，导游人员应当予以重视。

(一)致欢迎词的地点

景区导游员致欢迎词应当在景区入口处，对于重要客人一般在景区接待处。

(二)致欢迎词的时间

致欢迎词的时间是在景区导游员第一次面对客人时，即景区导游员向全陪或领队了解了团队的基本情况后，第一次面对旅游者时。

(三)欢迎词的内容

欢迎词的内容包括：

1. 代表景区对旅游者表示欢迎；
2. 介绍本人姓名及所属单位；
3. 表达景区对提供服务的诚挚意愿；
4. 表达希望旅游者对讲解工作给予支持配合的意愿；
5. 预祝旅游者旅途愉快。

三、参观游览中的导游讲解

1. 根据景区的规模与布局，带领旅游者按照游览路线分段讲解，简繁适度，要视旅游者的类型、兴趣、爱好的不同有所侧重，内容的取舍以科学性和真实性为原则。

2. 讲解的语言应准确易懂、富有感染力，吐字要清晰。

3. 要努力做到讲解与引导游览的有机结合。

4. 在时间允许和个人能力所及的情况下，宜与旅游者有适度的问答互动，讲解中要虚心地听取旅游者的不同意见和见解。

5. 在讲解过程中，讲解员应自始至终与旅游者在一起，对旅游者中的老弱病残孕和其他弱势群体要给予合理关照，注意随时清点人数，以防旅游者走散。提醒旅游者注意容易碰头和失足的地方，以防意外事故的发生。

案例：导游员讲解的站位

景区导游员讲解时的站位取决于讲解方式。如果是行进式讲解，导游员应根据景区地形和旅游者人数来选择自己的讲解站位。例如，在人数较多，道路比较宽敞的条件下，导游员可走在队伍的前侧，侧对旅游者进行讲解。

定点式讲解可选择的站位很多，主要有直面式、同向式、侧身式、环抱式和三角式等。直面式适合于近距离景观的讲解；同向式适合于对远距离景观的讲解；侧身式主要是受景区地形的限制，它不是导游员常用的讲解位置；环抱式适合于一些场地比较宽敞，旅游者人数比较多，而景观正好独立地设于地面的中央，或进入景区前进行景区的概括性介绍；三角式最大的优点是不遮挡旅游者的视线，而且灵活度非常大，是欧美国家比较流行的一种理想的导游站位形式，被称为“黄金三角式”。

四、送别服务

参观游览结束后，讲解员要向旅游者致简短的欢送词，内容包括对旅游者参观游览中的配合表示感谢，征询旅游者对导游讲解以及景区、景点建设与保护的意见和建议，欢迎旅游者再次光临。若备有小纪念品，可以赠予他们留念，并热情地向旅游者道别。一般情况下，在旅游者离开后，讲解员方可离开。

【任务实施】

实训任务	景区导游接待服务
任务概述	掌握景区接待工作的服务流程、主要内容；顺利完成景区接待服务；查阅资料及资料处理能力；文字编写的能力；总结与汇报能力
实训学时	建议 2 学时
实训地点	教室或导游实训室
实训条件	1. 校内实训室：学生用电脑、多媒体设备等 2. 各种事故的案例，各种证件
实训流程与标准	1. 分配实训小组，明确小组任务，学生分别扮演旅游团成员与导游员 2. 模拟景区导游员接待服务的场景 3. 教师对学生情景模拟过程进行考核，并做指导 4. 学习小组修改形成稿件，提交最后成果
实训考核建议	1. 考核内容：态度＋纪律＋汇报＋成果 2. 考核方式：课堂展示汇报＋实训成果文本 3. 考核主体：教师、学生

【自我学习】

1. 理论测试题

1.1　欢迎词的内容包括：(　　)、(　　)、(　　)、(　　)、(　　)。

1.2　应当特别注意致欢迎词的(　　)、(　　)、(　　)。

自我学习答案

2. 实训操作题

模拟景区导游员致欢迎词。

实训要求：

(1)模拟景区导游员致欢迎词；

(2)学习小组录制过程视频，并撰写报告。

>>任务3　结束工作<<

【任务描述】

了解结束工作包含的内容，规范书写接待总结，总结经验，提升景区导游员的整体服务能力。

【任务目标】

1. 知识目标：掌握景区导游员结束工作的内容。

2. 技能目标：总结经验，提升服务水平。

3. 素质目标：查阅资料及资料处理能力；文字编写的能力；总结与汇报能力。

【理论知识】

送走旅游者之后，导游员的工作并没有结束，还有结束工作需要进行。结束工作十分重要，不仅是完成一项任务必不可少的部分，还是提高导游服务效率和服务质量的必要手段。实践证明，凡是重视结束工作的导游员，其服务能力的提升速度都相对较快。结束工作主要包括以下内容：

一、写好接待总结

书面接待总结的内容包括：

1. 接待旅游者的人数、抵离时间，若是旅游团队，还需记录团队的名称及旅行社的名称；

2. 旅游者的基本情况、背景及特点；

3. 旅游者对景区、景点建设的意见和建议；

4. 自己的体会及对今后工作的建议。

二、总结经验教训

仔细回忆接待讲解过程中所存在的问题，如导游员不清楚的知识、回答不准确的地方等，有针对性地进行学习，不断提升服务能力。

【任务实施】

实训任务	景区导游结束工作
任务概述	掌握景区导游员结束工作的内容；总结经验，提升服务水平；查阅资料及资料处理能力；文字编写的能力；总结与汇报能力
实训学时	建议2学时
实训地点	教室或导游实训室
实训条件	1. 校内实训室：学生用电脑、多媒体设备等 2. 各种事故的案例，各种证件
实训流程与标准	1. 分配实训小组，明确小组任务，学生分别扮演旅游团成员与导游员 2. 练习书写书面总结材料 3. 教师对学生总结材料进行点评 4. 学习小组修改形成稿件，提交最后成果
实训考核建议	1. 考核内容：态度＋纪律＋汇报＋成果 2. 考核方式：课堂展示汇报＋实训成果文本 3. 考核主体：教师、学生

【自我学习】

1. 理论测试题

1.1　书面接待总结的内容包括：(　　)、(　　)、(　　)、(　　)。

1.2　结束工作主要包括以下内容：(　　)、(　　)。

2. 实训操作题

模拟景区导游员结束工作场景。

实训要求：

(1)模拟景区导游员结束工作场景；

(2)学习小组录制过程视频，并撰写接待总结。

自我学习答案

【项目小结】

任务名称	知识、技能、素质
服务准备	掌握景区导游员上岗前应具备的知识和技能
接待服务	掌握景区接待工作的服务流程，完成景区接待服务
结束工作	规范书写接待总结，提升服务能力

项目二　山地景观导游

【项目描述】

通过学习山地景观的相关理论知识，熟练掌握山地景观的讲解服务技巧，能够讲解一处山地景观，撰写山地景观导游讲解词。

>> 任务1　准备工作 <<

【任务描述】

小组根据教师所提供的资源或网络资源选取典型的山地景观，以小组为单位搜集山地景观基本资料；查找山地景观的背景知识及同类景观的特色。

【任务目标】

1. 知识目标：掌握山地景观的概念、山地景观的特征以及山地景观的类型。

2. 技能目标：针对某个典型的山地景观，能够分析出它的特点、类型以及所具有历史文化、艺术观赏、科学考察的价值。

3. 素质目标：记忆能力；团队合作能力；查阅资料及资料处理能力；归纳分析能力；语言表达能力；总结与汇报能力。

【理论引导】

山地景观是以自然山体为主要构成的景观，通常具有雄、险、秀、幽、奇等美学特征，具有历史文化、艺术观赏、科学考察的价值，吸引着无数中外旅游者和科学工作者。

一、山地景观概述

山地景观除自然美之外，往往还含有丰富的文化遗存，是自然和人文的巧妙结合，是中国风景名胜区的主要类型。

按照地貌类型，山地景观可分为：花岗岩地貌、岩溶地貌、丹霞地貌、砂岩地貌等。

按旅游功能可分为：风景观赏型（如山东崂山、河南嵩山）、消夏避暑型（如河南鸡公山）、登山健身型（如北京香山）、滑雪度假型（如欧洲阿尔卑斯山）等。

二、山地景观特征

我国是多山的国家，山地面积广阔，山地景观绚烂多姿，具有数量多、类型全、分布广的特点。山地风景区以山体为主要构景元素，以此为载体的植被、水体、气象、寺庙宫观、楼台亭阁等组成丰富多样的景观系统，常以“雄、险、幽、秀、奇”而闻名。

三、山地景观的造景功能

1. 山地地貌是山地风景的基本骨架。
2. 同为山地，山景因“石”而异。
3. 构成山地的地层产状不同，呈现的景观不同。
4. 内力作用和外力主要影响的程度不同，也使山地景观不同。
5. 山地地貌形态和位置不同，则景色不同。
6. 山地的纬度位置、海拔及相对高度景色也不同。
7. 山景随季节而变。

案例：导游词示例——华山

华山位于陕西省华阴市境内，是我国五岳之一——西岳。华山南依秦岭，北瞰黄渭，垂直高差 1000 多米，以奇险、雄伟、挺拔、峻秀而著称，由东、西、南、北、中五个主峰组成，海拔 2154.9 米。《山海经》中说“太华之山，削成而四方，其高五千仞，其广十里”，北魏地理学家郦道元《水经注》则说“远而望之，又若花状”。由于中国古代汉语中“华”和“花”通用，故而称华山。显然，华山是以山的形状命名的。

大家都知道华山位于华阴市境内，华阴又因华山雄踞其南而得名。华阴地处关中东部，渭河流域下游，坐落华山之北、渭河之南，因山之北、河之南为阴，所以叫华阴。“自古杨氏出华阴”，如果在我们旅游团中有杨姓朋友，我可以先告诉你，你不知不觉已回到“家”中。天下杨氏出华阴，这里曾出现过被尊为“关西夫子”“四知先生”的东汉名臣杨震，文学史上享有盛名的杨修，北周皇后杨丽华，完成统一大业的隋文帝杨坚及隋炀帝杨广，初唐“四杰”之一的杨炯，五代著名大书法家杨凝式等。可以这么说吧，华阴县志就是杨氏家谱。我们当中如果有杨姓朋友，看到祖先的光辉足迹可以感到骄傲了吧？

唐代诗人李白、杜甫、白居易、韩愈都在这里留下了多篇咏华山的诗章；宋代隐士陈抟、明清学者顾炎武都隐居于此，潜心研究学问；清末慈禧太后和光绪皇帝，近现代冯玉祥、张学良、朱德等都曾来过华山，给华阴留下了丰厚的文化遗产。

1982年，华山被评为国家级风景名胜区，在创“三山”活动中被评为国家级“卫生山”、省级“文明山”“安全山”。1999年被评为全国文明风景旅游区示范点。2002年3月华山通过ISO14000环境管理体系认证。为了华山的环境保护工作能够得到持续改进，希望各位本着珍惜环境的原则，让我们一起来保护华山的自然资源，最大限度地减少对景区的环境污染，共同创造一个优美的旅游环境。

【任务实施】

实训任务	山地景观导游服务准备
任务概述	山是风景构成的基本要素，气候、气象、水体、植物、动物等，均因不同的山地条件而呈现出不同的风景形态。因此，做好名山的风光导游，在导游服务过程中意义非常重大。小张是陕西省华阴市境内的地陪，他即将接待去华山的旅游团，他应该掌握哪些知识呢
实训学时	建议2学时
实训地点	教室或导游实训室
实训条件	1. 校内实训室：教师、学生所需电脑、多媒体设备 2. 校外实习基地：学生能够跟团参与旅行社所安排的行程，进行全程观摩
实训流程与标准	1. 教师列出著名山地景观的名称，要考虑地貌类型的全面性，包括花岗岩地貌、岩溶地貌、丹霞地貌、砂岩地貌等 2. 学生分组，6人左右一组，每组选定小组长，由小组长分配学生分别扮演旅游景区讲解员、旅游者等角色 3. 小组抽签选择要讲解的山地景观 4. 根据所抽到的内容查阅典型山地景观的相关资料，熟悉该山地景观导游图和游览路线 5. 根据山地景区实际，科学设计游览线路，合理安排游览项目 6. 运用PPT的形式，将所准备的成果展示给大家 7. 学生点评，分享有无，取长补短 8. 教师点评，补充纠错，提炼重点
实训考核建议	1. 考核内容：态度＋纪律＋展示＋发言 2. 考核方式：课堂展示＋小组熟悉山地景观情况 3. 考核主体：教师、学生

【自我学习】

理论测试题

1. 填空题

1.1　按地貌类型，山地景观可分为（　　）、（　　）、（　　）、（　　）等；按旅游功能可分为（　　）、（　　）、（　　）、（　　）等。

1.2　我国山地景观绚烂多姿，具有（　　）、（　　）、（　　）的特点，成为我国发展旅游业的自然基础。

2. 简答题

简述山地景观的造景功能。

自我学习答案

>> 任务 2 现场导游 <<

【任务描述】

以小组为单位，针对不同旅游团的特点，采用灵活的讲解方法，选取最佳游览路线；能够独立完成山地景观的讲解工作，在保证安全游览的同时，让旅游者不仅欣赏山地的姿态、色彩、动态、听觉美，还能深深体会其浓厚的文化美，真正感受一座座名山所蕴藏的博大精深的文化。

【任务目标】

1. 知识目标：掌握山地景观的导游讲解技巧和山地景区导游讲解要领。

2. 技能目标：能针对不同山地景观进行导游词创作、导游讲解，从而能引导旅游者对山地景区进行科学审美和文明旅游。

3. 素质目标：提高学生语言表达能力和沟通能力，培养自学、创作、创新能力，培养学生热爱祖国大好河山的美好情感，树立学生的服务意识和职业自豪感、归属感。

【理论引导】

一、山地景观的讲解服务技巧

山地景观的讲解内容应该以山地外部形态的美感、山地的成因以及山地所包含的文化底蕴等作为重点。具体来说，山地景观的讲解思路应该是：采取移步换景的方法，结合不同的季节、不同的气候条件以及一天中的不同时段，分别讲解出山地名称的由来、所处的地理位置、成因、海拔高度、所占面积、在同类景观中的排名、与之相关的文化内涵，以及给旅游者带来的审美情趣。

(一)从外部形态特征讲解其美感

山是地壳千百万年变化的产物，姿态万千，在山地景观的讲解服务过程中，首先要根据不同的山体外形，引导旅游者领略大自然的美丽、神奇。

1. 姿态美

山地是自然界地壳变迁和水流冲刷的结果，大自然造就了它们的千姿百态，再加上气候等原因的综合作用，山地的姿态美的内容就更加丰富了，这是山地景观的主要魅力。例如，人们将五岳概括为泰山雄、华山险、衡山秀、恒山奇、嵩山奥，这主要就是指五岳各自的姿态。

2. 色彩美

山地景观的色彩主要来源于两个方面，一是山石本身呈现不同的颜色，如丹霞地貌就是由红色砂砾构成的；二是因山地附着物不同而形成不同的色彩，如苍翠的森林、如茵的绿草、烂漫的山花、银白的冰雪等，均可与山地合成一幅幅色彩鲜明的画卷。

3. **动态美**

所谓“山不转水转”，山地景观本身是处于静止状态的，但如果换个角度来欣赏，却会感受到山的另一种姿态美——动态美。

4. **听觉美**

山地景观中的茂密林海在山风的吹动下，往往能够让人领略阵阵的涛声；山中的飞流瀑布可以让人领略磅礴的气势；山间小溪的缓缓流动，能够让人聆听到潺潺的涓流；山间林中的飞禽走兽，能够让人感受到虎啸猿啼百鸟鸣。这些大山的附着物，常常能给人们的听觉带来意想不到的感受，从而让人领略一种别样的美。

(二)从地质构造讲解其成因

1. 花岗岩山体，如九华山。
2. 岩溶山水，如桂林山水。
3. 丹霞风光，如广东丹霞山。
4. 砂岩峰林峡谷景观，如张家界黄龙洞。

(三)从人文因素讲解其内涵

1. 讲解山地景观所具有的历史文化价值，丰富自然景物的美的意蕴。
2. 可适当讲解山地景观中蕴含的宗教文化。

二、山地景观导游的途径

1. 从地质角度导游。
2. 按山地景观在旅游业中所起的作用导游。
3. 从文化角度导游。
4. 从美学特征角度导游。

案例：神农架——华中屋脊

1. 从地质角度导游

①位置：神农架林区位于湖北省西部、大巴山区，地处鄂西山地，在湖北省巴东、兴山、房县三县交界处，以神农架山得名，总面积3253平方千米。

②成因：神农架山位于中国亚热带向温带过渡的地区，这里亿万年前曾经是片汪洋大海，数次造山运动使其变成了高山，成为“华中屋脊”。

③景观特点：古老漫长的地理变迁和相对封闭的自然环境，使神农架全境蕴藏着丰富的自然资源。

2. 从文化角度导游

神农架据传是华夏始祖——神农炎帝搭架采药、疗民的地方。他在此“架木为梯，以助攀援”，“架木为屋，以避风雨”，最后“架木为坛，跨鹤升天”。

可见，神农架也是文化溪流的融汇之处，与其优越的自然条件共同构成了一幅绚丽多彩的画卷。隽秀如屏的群峰，茫茫苍苍的林海，完好的原始生态系统，丰富的生物多样性，宜人的气候，以及独特的内陆高山文化，使神农架成为人与自然和谐共存的净土和乐园。

【任务实施】

实训任务	山地景观导游讲解
任务概述	情景案例：作为地陪的小张接到游玩泰山的旅游团，小张怎么做才能让客人满意而归呢 提示：首先根据泰山的特色创作符合自己风格的导游词，然后运用山地景观导游讲解方法进行导游讲解
实训学时	建议 4 学时
实训地点	教室或导游实训室
实训条件	1. 校内实训室：教师、学生所需电脑、多媒体设备，足够的情景展示空间，相应的情景展示道具等 2. 校外实习基地：学生能够跟团参与旅行社所安排的行程，进行全程观摩
实训流程与标准	一、实训准备 1. 教师列出著名山地景观的名称，要考虑地貌类型的全面性，包括花岗岩地貌、岩溶地貌、丹霞地貌、砂岩地貌等 2. 学生分组，6 人左右一组，每组选定小组长，由小组长分配学生分别扮演旅游景区讲解员、旅游者等角色 3. 小组抽签选择要讲解的山地景观 4. 教师讲解山地景观导游词的创作注意事项和导游讲解要领 5. 学生分小组查阅相关山地景观的背景或到旅游景观进行实地考察 6. 分小组撰写山地景观的特色和分布，设计游览线路，安排游览项目 7. 分小组撰写山地景观导游词，并提交实训指导教师，实训指导教师对小组撰写的导游词进行修改建议，各小组进行反复修改 8. 小组导游词定稿后，制作导游讲解 PPT，并练习脱稿讲解 二、实训开始 1. 教师为学生进行山地景观导游讲解示范和辅导 2. 学生分小组进行山地景观模拟导游讲解 三、实训结束 1. 分组讨论实训的表现及效果，每组由 2～3 名代表对实训过程进行点评 2. 教师根据同学的评价情况、在实训中出现的问题以及需要注意的问题进行讲评并全面归纳总结
实训考核建议	1. 考核内容：态度＋纪律＋展示＋发言 2. 考核方式：以下面评价表为准 3. 考核主体：教师、学生、企业兼职教师

续表

<table>
<tr><td rowspan="14">实训考核建议</td><td colspan="5">山地景观导游讲解训练评价表
组别：　　　　考核时间：　　　　考核教师：</td></tr>
<tr><td colspan="2">评价项目</td><td>配分</td><td>得分</td><td>备注</td></tr>
<tr><td rowspan="4">山地景观导游词创作（共40分）</td><td>结构完整，富有逻辑性和层次感</td><td>10</td><td></td><td></td></tr>
<tr><td>旅游线路设计合理，内容丰富、正确无误</td><td>10</td><td></td><td></td></tr>
<tr><td>词语搭配恰当，修辞手法运用恰当、贴切</td><td>10</td><td></td><td></td></tr>
<tr><td>有一定特色和创新，符合自己的风格</td><td>10</td><td></td><td></td></tr>
<tr><td rowspan="5">山地景观导游讲解（共50分）</td><td>讲解结构完整、自然流畅、内容准确、条理清楚</td><td>15</td><td></td><td></td></tr>
<tr><td>重点突出，运用一定的导游讲解技巧</td><td>15</td><td></td><td></td></tr>
<tr><td>表达准确清晰、生动流畅、富于感染力和说服力</td><td>10</td><td></td><td></td></tr>
<tr><td>音量适度，语调富于变化，语速适宜，停顿合理</td><td>5</td><td></td><td></td></tr>
<tr><td>目光分配合理；手势恰到好处</td><td>5</td><td></td><td></td></tr>
<tr><td rowspan="2">礼貌礼仪（共10分）</td><td>着装整洁、得体；发型和饰物佩戴符合要求</td><td>5</td><td></td><td></td></tr>
<tr><td>言谈举止文明稳重；情绪饱满；态度端正</td><td>5</td><td></td><td></td></tr>
<tr><td colspan="2">总分</td><td>100</td><td></td><td></td></tr>
</table>

【自我学习】

自我学习答案

1. 理论测试题

1.1　山地景观导游的途径包括（　　）、（　　）、（　　）、（　　）。

1.2　山地景观的讲解服务可以从（　　）、（　　）、（　　）等几个方面进行。

2. 实训操作题

写一处当地山地景观的导游词，并进行讲解练习。

实训要求：

(1)导游词字数不低于1000字；

(2)小组为单位相互讲解练习；

(3)将练习讲解的过程拍摄成视频上交。

【项目小结】

任务名称	知识、技能、素质
准备工作	掌握山地景观的概念、特征、类型等相关知识，能够针对某个典型的山地景观分析出它的特点、类型以及所具有历史文化、艺术观赏、科学考察的价值，从而提高记忆能力、团队合作能力、查阅资料及资料处理能力、归纳分析能力、总结与汇报能力。
现场导游	掌握山地景观导游讲解要领，能运用山地景观导游讲解技巧，能对山地景观进行导游词创作，能对典型山地景观进行导游讲解，从而提高语言表达能力和沟通能力，培养自学、创作、创新能力，培养热爱祖国大好河山的美好情感，树立服务意识和职业自豪感、归属感

项目三　水体景观导游

【项目描述】

通过任务驱动、情境教学等方法，组织学生在模拟导游实训室、实境中演练水体景观导游工作。

>> 任务1　准备工作 <<

【任务描述】

通过学习水体景观导游相关理论知识，明确景区工作人员上岗前应当具备的知识和技能，进而提高服务意识和水平。

【任务目标】

1. 知识目标：能够掌握水体景观的特征，掌握水体景观讲解的基本要领。

2. 技能目标：具备水体景观知识的搜集和整理能力，能够胜任水体景观的导游讲解工作，能够面对不同的旅游者进行有针对性的讲解。

3. 素质目标：具备良好的服务意识、大局意识、合作意识；具有良好的职业道德和敬业精神；具有较强的责任感和严谨的工作作风；具有良好的心理素质和克服困难的能力。

【理论引导】

一、水体景观基本知识

(一)水体景观常识

如果说山地景观是骨架的话，水体景观就是血脉。水是自然环境形成和发展中最活跃的因素之一，是生命存在的必不可少的条件。而水自身也是极具价值的旅游资源，它通过与地形、动植物、气候等多种因素的巧妙配合，形成了复杂多变而又趣味无穷的水体景观，以海洋、湖泊、河流、瀑布、冰川等多种形式存在于大自然中。

水不但有观赏构景的作用，还有疗养、保健、发电、休闲等多种作用，也是我们日常生活离不开的重要资源。比较而言，在各种旅游资源中，依托水资源开展的旅游项目最为丰富。如今，度假旅游、休闲旅游具有广大的市场，其首选旅游地往往都与水有关。因此，掌握水体景观导游知识和方法对一个导游员来说是非常重要的。

(二)我国水体景观资源概况

我国有着丰富的水体景观资源。流域面积在1000平方千米以上的河流有1000多条，大小河流总长度在40万千米以上；全国河流总水量约27000亿立方米；面积大于100平方千米的湖泊有130多个，1平方千米以上的有2800多个；有渤海、黄海、东海、南海四个近海；有万里长江和中华文化母亲河黄河，还有数不胜数的涌泉、瀑布。这些水体景观使我国的万里山川处处透着妩媚。

二、水体景观导游要领

(一)按水体景观的类型导游

水是构景的主要因素，很多风景区都有多种水体景观类型。按水体景观的不同类型进行导游，既便于导游员的讲解，也便于旅游者的观赏。

1. 江河景观

江河既是重要的水资源，也是交通大动脉。这些江河因其壮美的景色、悠久的历史文化而成为重要的旅游资源。

(1)外流河

我国的大多数河流随地势自西向东流入太平洋，如长江、黄河、珠江等；少数河流向南流入印度洋，如怒江、雅鲁藏布江等；只有额尔齐斯河向北流入北冰洋。这些流入大海的河流，就是外流河。

我国外流河流域面积约占全国总面积的三分之二，主要分布在东部和南部。外流区域的河流大致以秦岭—淮河为界，水文特点南北不同。秦岭—淮河以南的河流水量充沛且季节变化小，无结冰期，流域内植物繁茂，河流含沙量小，利于航运、灌溉和发电。秦岭—淮河以北的河流，水量季节变化大，夏多冬少，河水含沙量大，有或长或短的结冰期，影响航运，给水力资源的利用带来一定的困难。而西南横断山区的外流河又是另一种类型，它们奔流于高山峡谷之中，水量丰富，冬季不结冰，虽无航运之利，却使其流域成为我国水能资源最为丰富的地区之一。

（2）内流河

一些地区的河流，有的消失在沙漠中，有的流入内陆湖泊，这些河流就是内流河。新疆的塔里木河是我国最大的内流河。内流河主要分布在西北部高原和盆地地区，是我国西北部高原和盆地地区主要的水体旅游资源。

（3）人工河流

除了天然的外流河和内流河以外，我国人民还开凿了许多人工河流，如京杭大运河、灵渠、郑国渠等。

2. **湖泊景观**

湖泊是陆地上表面比较宽阔的天然凹地蓄积的停滞或缓慢流动的水体。湖泊是陆地上最大的水体景观，它的美不仅仅在于湖泊水体本身，更重要的是以它为核心的各种自然和人文构景要素所组成的综合景观。如著名的杭州西湖、云南滇池、台湾日月潭、浙江千岛湖等。

我国的湖泊主要集中在长江中下游沿岸和青藏高原。长江中下游沿岸的湖泊对江河供水有巨大的调节作用，是滨湖地区灌溉农田的水源，同时这些淡水湖泊适于生命成长，湖光山色引人入胜。著名的有鄱阳湖、洞庭湖、太湖、洪泽湖、巢湖，即我国最大的五个淡水湖泊。青藏高原拥有世界上最大的高原湖泊群，这里的湖泊多属内陆盐湖，有中国最大的咸水湖——青海湖以及世界海拔最高的湖泊——纳木错。

我国的湖泊按不同的分类方法可分为不同的类型，这里以湖泊形成原因为例（表 2-2）。

表 2-2　我国湖泊类型（按形成原因划分）

湖泊类型	含义	典型湖泊
河迹湖	由于河流变迁或改道，曲形河道自行截弯取直后留下的旧河道形成的湖泊	洪湖、鄱阳湖、洞庭湖
海迹湖	原为海域的一部分，因泥沙淤积而与海洋分开，形成封闭或接近封闭状态的湖泊，又称潟湖	西湖
构造湖	因地壳运动产生的断裂凹陷而形成的湖泊	滇池、洱海
堰塞湖	由火山熔岩流，或由地震活动等原因引起山崩滑坡体等堵截河谷或河床后贮水而形成的湖泊	镜泊湖、五大连池
火山口湖	因火山喷发后遗留的火山口积水而成	长白山天池
冰川湖	由冰川侵蚀成的洼坑和水碛物堵塞冰川槽谷积水而成	新疆的喀纳斯湖
风蚀湖	由于风蚀作用形成的洼地积水而成	呼伦贝尔沙地中的乌兰湖
人工湖	人们有计划、有目的地挖掘出来的湖泊，包括景观湖和水库等	千岛湖、松花湖

3. **泉水景观**

泉是地下水的天然露头，达到一定的规模就可形成泉水景观。根据不同标准，泉可以分为许多种类。

(1)下降泉和上升泉。无声无息缓慢渗出的叫下降泉；汩汩喷涌，并伴有水花气泡的叫上升泉。

(2)温泉和冷泉。泉口温度显著高于当地平均气温的叫温泉；低于或等于当地平均气温的叫冷泉。

(3)矿泉和淡水泉。泉水中含矿化成分和气体，矿化度在 1 克/升以上的是矿泉；矿化度在 1 克/升以下的是淡水泉。

(4)其他地质泉。如侵蚀泉、溢出泉、接触泉、断层泉等。

(5)各类观赏泉。如云南大理蝴蝶泉、四川广元含羞泉、广西桂平乳泉等。

4. **瀑布景观**

瀑布是因河床不连续而形成的倾泻水流。一个完整的瀑布，一般由溪流、跌水和深潭三部分构成，具有形、色、声的美学效果。

中国地形复杂，河川众多，因而多瀑布。受地理位置的影响，形成了瀑布南多于北，东多于西的格局。有的瀑布飞流直下，气势磅礴；有的轻垂崖边，柔曼轻舞；有的绿树掩映，幽曲媚秀；有的层层叠叠，交叉错落。所以说瀑布是最活跃、最生动，也是陆地上最壮观的水景。我国最具代表性的瀑布景观有贵州黄果树瀑布、黄河壶口瀑布、黑龙江吊水楼瀑布(我国三大瀑布)。此外还有蛟龙瀑布、九寨沟诺日朗瀑布等。

5. **海洋景观**

海洋是地球上最广阔的水体的总称，约占地表面积的 71%。在现代旅游业中，提倡"3S"旅游，即太阳(sun)、海洋(sea)和沙滩(sand)三种令人喜欢的旅游资源，而这三者都与海滨有关，特别是海岸带，是开展海洋旅游的重要场所。

海水不仅有疗养的作用，海滨的沙滩、岩石和海底的珊瑚及其中的鱼类等也有很高的观赏价值。海滨宜于开展观景、疗养、海浴、海上运动以及品尝海鲜等活动。在我国，大连海滨、青岛海滨、普陀山海滨、北戴河海滨等都已成为旅游者竞相游览的目的地。

(二)按水体景观的美学价值导游

水体景观的美学价值具体分为形态美、色彩美、光影美、声音美、奇趣美五个方面。

1. 形态美。地球上的水体分布呈现不同形状，因而表现出不同的形态美。如江、河、溪、涧等线型水体，其长短、宽窄、曲直变化万千；大海、湖泊、水库等面型水体，则有开阔、辽远的美感。

2. 色彩美。水本身是无色的，但是大自然中的其他因素往往影响着水的色彩，形成了丰富多彩的景观。

3. 光影美。水体近周的山、石、树、花及白云、蓝天、桥梁建筑等都会因光的反射而在水中形成影像。影响光影清晰度的因素主要有：水体表面的平静度，水体的透明度，水中倒影与光线角度。早晚的时候太阳高度角较低，反射率高，倒影清晰。

4. 声音美。水体受外力冲击或流动时会发出各种声响，给人以听觉上的美感，如轰鸣的瀑布、叮咚的泉水、潺潺的溪水、哗哗的海潮等。

5. 奇趣美。一些水体具有特殊的奇趣美，如趵突泉、甘苦泉以及冰川等。

(三)按水体景观的文化角度导游

1. 水是文明之源。人类文明古国多源于大河，如华夏文明发源于黄河流域，古埃及文明发源于尼罗河，古印度文明发源于印度河等。水作为文明之源，留下了许多社会经济发展的印记和历史故事，如大禹治水、李冰父子修建都江堰、郑和下西洋等。

2. 水也被赋予了文化属性。自古以来，中国人就把“良田美池”“山环水绕”“一池三山”当作理想的世界，历代文人描写水的诗词歌赋也比比皆是，赋予水文化气息。

导游员在进行水体景观导游时，应结合不同江河、不同河段的地理特点、气候状况、风物特产和社会历史背景材料进行讲解，才能有效激发旅游者的游兴。

【任务实施】

实训任务	水体景观导游服务准备
任务概述	掌握必备的水体景观导游知识，明确水体景观导游服务流程；培养查阅资料及资料处理能力，文字编写能力，总结与汇报能力
实训学时	建议1学时
实训地点	教室或导游实训室
实训条件	1. 校内实训室：学生用电脑、多媒体设备等 2. 各种事故的案例，各种证件
实训流程与标准	1. 分配实训小组，明确小组任务，学生分别扮演旅游团成员与导游员 2. 模拟导游员了解团队基本情况的场景 3. 模拟导游在接团前准备工作的场景 4. 教师对学生的情景模拟过程做出指导并进行考核 5. 学习小组修改形成稿件，提交最后成果
实训考核建议	1. 考核内容：态度＋纪律＋汇报＋成果 2. 考核方式：课堂展示汇报＋实训成果文本 3. 考核主体：教师、学生

【自我学习】

理论测试题

1. 填空题

1.1　我国的江河可分为(　　)、(　　)、(　　)。

1.2　我国最大的五个淡水湖泊是(　　)、(　　)、(　　)、(　　)、(　　)。

2. 简答题

如何从水体的美学价值角度进行导游讲解？

自我学习答案

>> 任务 2　现场导游 <<

【任务描述】

经过准备工作后，学生能够恰当编写呼伦湖导游词，并根据旅游团实际情况进行现场讲解，同时可以处理现场突发事件。

【任务目标】

1. 知识目标：学生能够掌握呼伦湖的特征，能够根据旅游团队的需求，向旅游者传达水体美的信息。

2. 技能目标：能够完成呼伦湖水体景观的导游讲解任务，能够在讲解过程中对旅游者进行安全提示；能够处理在景点游览过程中遇到的突发事件。

3. 素质目标：具备良好的服务意识、大局意识、合作意识；具有良好的职业道德和敬业精神；具有较强的责任感和严谨的工作作风；具有良好的心理素质和克服困难的能力。

【理论引导】

一、熟悉任务单

任务名称	呼伦湖讲解
旅游者	某学院师生 50 人

二、编写导游词

案例：呼伦湖导游词

各位游客朋友，大家好！欢迎大家来到呼伦湖参观游览。我是大家的导游员小赵，我很荣幸陪同大家一起参观游览，下面将由我来为大家讲解呼伦湖。

呼伦湖又名达赉湖，湖面呈不规则斜长方形，轴为东北至西南方向，长度为 93 千米，最大宽度为 41 千米，湖周长 447 千米，湖水面积 2339 平方千米。平均水深 5.7 米，蓄水量 138.5 亿立方米。呼伦湖水的补给来源一是承接大气降水，二是克鲁伦河、乌尔逊河、达兰鄂罗木河的注入。呼伦湖一称呼伦池，蒙古语称达赉诺尔、达赉湖，意为“海湖”。

呼伦湖(达赉湖)旅游区是国家 2A 级旅游区。呼伦湖水澄清透明，是重要湿地、国家级自然保护区。在这片美丽而神奇的土地上，数百种动、植物和谐共处。鸟类中就有我国一、二级保护禽类 50 多种，我国生存的 8 种鹤中，有 6 种分布在该保护区内，是我国乃至世界的一处重要生物物种库。被人们称为“地球之肾”的湿地与森林、海洋一起并称全球三大生态系统，与人类生存和发展息息相关，是自然界最富多样性的生态景观和人类最重要的生存环境之一。呼伦湖水产资源十分丰富，盛产数十种鱼虾。这片湿地的生态学价值更是无法估量，具有稀有性、原生性和自然性等特点，也具有多功能生态作用，不仅给人类提供食物、原料和水资源，还对生态平衡的维持及生物多样性的保持和涵养水资源、蓄洪防旱、降低污染、调节气候起到重要作用。

呼伦湖有八个著名景观，分别为水上日出、湖天蜃楼、石桩恋马、玉滩淘浪、虎啸呼伦、象山望月、芦荡栖鸟、鸥岛听琴。夏季的呼伦湖区气候温凉，是避暑胜地。绮丽的自然风光和多彩的民族风情，使呼伦湖成为一方旅游胜地。呼伦湖水天一色，烟波浩渺，原始而粗犷，秀丽且洁净。静若处子温柔明丽，动如蛟龙惊涛拍岸。若能在呼伦湖观看“水上日出”，必然会使您感到心旷神怡。到呼伦湖一游，必定要去湖畔的饭店品尝一下名扬天下的“全鱼宴”。“鲤跳龙门”“二龙戏珠”“鲤鱼三献”等，不仅营养丰富，鲜嫩味美，而且造型美观、逼真，宛如一件件艺术珍品。在饭店就餐，一边透过玻璃窗望着波光粼粼的湖水，一边品尝全鱼宴上的鱼虾，实在是乐趣无穷。呼伦湖畔有游泳场、钓鱼台、长廊等，您可手握长竿悠闲垂钓，可以躺在柔软的沙滩上进行日光浴、湖沙浴，还可以乘游船在湖上任湖风吹拂，观“白鸥翔紫塞，碧浪映霞天”和“一片波浪万马惊，红日银鳞相映呈”的壮观景象。那情景实在令人陶醉。

关于呼伦湖的介绍就为大家讲到这里，现在大家可以自由参观，按照计划的时间回到这里，祝大家玩得愉快！

【任务实施】

实训任务	呼伦湖导游服务
任务概述	明确呼伦湖导游服务流程，顺利完成水体景观讲解活动，灵活应对游览过程中各种问题；文字编写的能力，总结与汇报能力
实训学时	建议 2 学时
实训地点	教室或导游实训室
实训条件	1. 校内实训室：学生用电脑、多媒体设备等 2. 各种事故的案例，各种证件
实训流程与标准	1. 分配实训小组，明确小组任务，学生分别扮演旅游团成员与导游员 2. 模拟导游员了解团队基本情况的场景 3. 模拟水体景观导游在接团前准备工作的场景 4. 教师对学生情景模拟过程做出指导并进行考核 5. 学习小组修改形成稿件，提交最后成果
实训考核建议	1. 考核内容：态度＋纪律＋汇报＋成果 2. 考核方式：课堂展示汇报＋实训成果文本 3. 考核主体：教师、学生

【自我学习】

1. 理论测试题

1.1　旅游者落水应该如何处理？

自我学习答案

1.2　参与漂流等游览项目应提醒旅游者注意哪些安全事项？

1.3　如何引导旅游者“观”水和“玩”水？

2. 实训操作题

从河流、湖泊、温泉、瀑布、海洋等任选一代表景观，进行导游词创作和模拟讲解。要求内容丰富翔实，表述准确生动；采用讲述法、突出重点法、虚实结合法、悬念法等多种方法；语言深入浅出，通俗易懂，知识性与趣味性并重；导游词内容要新颖、要与时俱进，有鲜活的命力；导游词要有吸引力，时刻抓住旅游者的眼球。

【项目小结】

任务名称	知识、技能、素质
水体景观的讲解	学生能够掌握水体景观的特征，掌握水体景观讲解的基本要领。能够胜任水体景观的导游讲解工作，能够面对不同的旅游者进行有针对性的讲解；具备水体景观知识的采集能力和整理能力。能够完成呼伦湖水体景观的导游讲解任务，能够在讲解过程中对旅游者进行安全提示，能够处理在景点浏览过程中遇到的突发事件。具备良好的服务意识、大局意识、合作意识；具有良好的职业道德和敬业精神；具有较强的责任感和严谨的工作作风；具有良好的心理素质和克服困难的能力

项目四　生物景观导游

【项目描述】

观察生物景观的形态、颜色等外在特征，明确生物景观导游词撰写原则，运用相关讲解技巧，提高将生物学等理论常识灵活运用到导游讲解词中的应变技能，以增强讲解工作的科学性和趣味性。

>> 任务1　准备工作 <<

【任务描述】

选取当地某生物景观景区，要求能够按照导游图进行讲解，整理旅游景区的背景资料，分析生物自然景观的特色和分布；设计景区游览顺序，筛选科学的游览项目；撰写导游词。

【任务目标】

1. 知识目标：能选取合适的生物景观景区，并根据主要内容进行角色分配、角色扮演，能够背会角色台词；能分析旅游线路的设计是否科学合理。

2. 技能目标：掌握生物景观的讲解方法、技巧及原则；能够在讲解的同时，提高针对不同旅游者调整讲解重难点的应变能力。

3. 素质目标：记忆能力；表演能力；团队合作能力；查阅资料及资料处理能力；归纳分析能力；语言表达能力；总结与汇报能力；独立思考能力。

【理论引导】

按照《旅游资源分类、调查与评价》国家标准，生物景观类旅游资源包括树木、草原与草地、花卉地、野生动物栖息地四大亚区，内部又划分为11个基本类型。这里说的生物景观主要是动植物景观。

一、植物景观的讲解原则

1. 突出形态。植物的形态千差万别，又各有特色，古今中外文人墨客笔下的植物总是各不相同而又美不胜收的。导游员进行讲解时，可以从植物的物种、结构等方面进行讲解。

2. 突出色彩。大部分的植物都是绿色的，而绿色也分为很多种，如翠绿给人以欣欣向荣的新意，深绿给人以端庄质朴的质感，草绿又别有一番风味等。除了绿色，植物还有五颜六色的花蕾、花瓣等，导游员可以抓住这些进行讲解和描述。

3. 突出香味。薰衣草的香味会弥漫整个山野，风信子的香气低调而浓郁，迷迭香、洋甘菊等都各具特色，讲解过程中可以将这部分分层次进行讲解，以增强知识性。

4. 突出性能。植物除了审美性，还有很多实用功能。比如三七可以治外伤，灵芝是药宝，等等。讲解时可突出植物的药用价值和功能。

5. 突出寓意。中国古人经常把梅、兰、竹、菊称为花中四君子，可见植物早已成为某种文化的象征和内涵的延伸，不同的植物在不同的国家、地域都有不同的寓意。讲解时候可以结合文化特征进行分析。

二、动物景观的讲解原则

1. 突出奇特性。动物的奇特性主要表现在憨态可掬的动作、灵巧可爱的外表、与众不同的生活习性等。比如，孔雀、老虎、猫、企鹅，等等。

2. 突出珍稀性。这也是讲解中的“之最”的方法，如珍稀动物大熊猫、丹顶鹤等，很容易吸引旅游者的注意力。

3. 突出寓意性。寓意性是动物景观讲解的升华，人类为许多动物赋予了寓意，如龙凤代表权力和吉祥、马代表忠诚等。

【实例分析】

峨眉山的猴子

朋友们，我们今天要去的峨眉山简直就是猴的故乡。这里的青山绿水仿佛吴承恩笔下的花果山，可爱的群猴似乎是孙悟空留在人间的子孙后代。峨眉山以猴多闻名，在这里，猴子们家族兴旺，生活得非常惬意。这里的“猴味”之浓，“猴文化”之深，足以令其他有猴的名山望洋兴叹，令人不得不佩服峨眉山人的“猴经”。

峨眉山的猴多为猕猴，由于生活的安逸，猴子们富态十足，似乎已经习惯以肥为美，它们只需在路边用硕大的身躯摆出“优雅”的 pose，就能轻而易举获得游人的赏赐。因此，猴子们一直过着食来张口的生活，每天睡到自然醒，吃到自然饱。

峨眉山的猴与其他地方的不同，它们不怕游人，敢于近距离索要食物，偶尔还会主动抢夺。对于游人的善意，它们常常报以龇牙咧嘴的一笑，基本上做到了与人的和谐相处。在峨眉山看到猴子，可以说是每位游客心底的期盼。这里猴子众多，看到它们应该不是难事。然而事实并非如此。因为猴子们吃饱喝足了，就对再精美的食物也无任何兴趣，返回丛林中休息去了，任凭游人呼喊和诱惑，也不再现身。

如果您看了猴子不过瘾，还可以购买峨眉山的特色礼品——布猴。当您走在青翠欲滴、秀色满目的山道上，不时可以看到娃娃们脖子上挂着的“猴”，女士们怀里抱着的“猴”，男人们手上拎着的“猴”，有的游人甚至用竹竿挑着一担子的“猴”。那一只只吊在游人脖子上，一串串系在背包上，一排排挂在商铺里的布猴，颜色各异，造型别致，憨态可掬，惹人怜爱。顷刻之间，游人的心就被“猴”给俘虏了。尤其是那种小猴抱猴妈，猴妈抱猴爸，三只猴由小到大串在一起，和谐一家亲的“猴”，特别受到游人的青睐。对于没能亲眼目睹真猴的人们，买上一些这样的布猴，也不失为一种安慰。

案例解析

案例从体态、特点来详细讲解了峨眉山的猴子，并重点介绍了峨眉山的猴子以及纪念品布猴，重点强调了峨眉山猴子的奇特性。当然，对于不同的旅游者，讲解的侧重点也需要做相应的调整。

【任务实施】

实训任务	分小组自由选取动植物景观，根据导游图进行导游词的重难点划分并进行讲解词的分配
任务概述	以选定的生物景观为基础，对小组成员进行分配，读懂导游图 情景案例：将野生动物园作为讲解的地点，把不同的动物饲养区分配给不同的小组成员，依据动物园的导游图进行小组讨论，让所有成员读懂不同动物区的位置 负责对应动物饲养区讲解的同学扮演导游员，其余同学扮演旅游者，设计情景内容、进行情景演练
实训学时	建议 2 学时
实训地点	模拟实训室或景区现场
实训条件	1. 校内实训室：教师、学生所需电脑、多媒体设备，足够的情景展示空间，相应的情景展示道具等 2. 校外实习基地：学生能够跟团参与旅行社所安排的行程，进行全程观摩
实训流程与标准	1. 把学生分成若干个小组，根据小组选定的景区景点，明确小组任务 2. 学习景区景点的背景资料 3. 学习小组课前选择与熟悉情景案例，并分配角色、进行角色扮演并彩排 4. 各学习小组课堂进行情景展示，全班同学针对各小组的情景内容进行分析讨论、小组代表发言、各小组针对不同意见进行讨论 6. 教师对各小组的情景展示和讨论发言结果进行考核评价，小组之间进行互评 7. 教师布置课后任务，学生以小组为单位完成并提交
实训考核建议	1. 考核内容：态度＋纪律＋展示＋发言 2. 考核方式：课堂情景展示＋小组代表发言 3. 考核主体：教师、学生、企业兼职教师

【自我学习】

1. 理论测试题

1.1 填空题

植物景观讲解的原则是(　　)、(　　)、(　　)、(　　)、(　　)。

1.2 多选题

动物景观讲解的原则和方法有(　　)。

A. 突出奇特性　　B. 突出珍稀性　　C. 突出寓意性　　D. 突出药物性

自我学习答案

1.3 判断题

1.3.1 动植物讲解注重的是知识性，有无趣味性无所谓。（ ）

1.3.2 在进行植物讲解时，少讲科学性太强的内容，有趣就可以了。（ ）

1.4 案例分析

如何讲解呼和浩特市的野生动物园？讲解前需要进行哪些资料的搜查和内容的准备？

讨论：野生动物园的讲解内容和步骤有哪些？

2. 实训操作题

如何增强动物讲解的科学性和趣味性？

实训要求：

(1)学习小组模拟旅游者参观场景，分派角色；

(2)导游员按照程序进行处理；

(3)学习小组录制情景案例及处理过程视频，并撰写处理报告。

>> 任务2 现场导游 <<

【任务描述】

小组通过模拟讲解生物景观的情景，进行导游员、旅游者等角色扮演，在实训过程中，明确动植物讲解的原则和方法，学会评价和考核方法，能够运用一定的讲解技巧。

【任务目标】

1. 知识目标：能设计合理的景点参观的线路图，并根据主要景点的分布进行讲解，导游词的讲解完整生动；讲解内容没有知识性错误；讲解时注意仪容仪表。

2. 技能目标：学会动植物景观的讲解原则和方法；能够讲得有吸引力。

3. 素质目标：记忆能力；表演能力；团队合作能力；归纳分析能力；语言表达能力；总结与汇报能力；独立思考能力。

【理论引导】

在现场导游中，因为自然界的动植物种类繁多，风格各异，而人们由于相对缺乏有关动植物的各种知识，一时难以识别齐全。再美好的动植物景观，如果没有相应的理论知识做辅助，都会显得空洞无趣，也就丧失了原有的生机与活力。旅游者一旦进入自然山水景观，就会对周围环境中的植物、动物产生浓厚的兴趣，导游员需要因势利导，讲解动植物的相关知识，以增强旅游过程的趣味性和文化性。

动植物景观是重要的旅游组成部分，它们为名山大川披上绿衣，为旅游者带来兴致，为景点增加生气，也是重要的旅游资源。导游员在介绍动植物景观时，可以从实物入手、虚实结合、由表及里、由浅入深，运用引申、联想等方法，突出动植物景观的精神文化和特征。

【实例分析】

黄山迎客松的讲解示范

奇松是黄山四绝之一。“迎客松”是对这株黄山松的誉称，它属于高山树种，一般生长在海拔800米以上的山地。我们可以看到，它的树冠呈扁平状，而且层次分明，松针较短，也比较粗，颜色呈墨绿色。这些特征是和它的生长环境有关系的，一般高山上常年的风力都比较强，像我们黄山年平均风力为6～7级，如果它像山下的马尾松那样长得高高大大，密不透风，大风刮过来的时候形成的阻力也就非常大，很容易将树头吹断，所以它呈扁平状且层次分明的树冠就是便于滤风的。松针的颜色较深也是为了适应环境的，我们都知道海拔上升，大气压强要下降，气温也要下降。大气压强越低也就意味着空气越稀薄，而大气层对阳光中的紫外线能起到一定的过滤作用，空气越稀薄，紫外线也就越强。我想大家都曾感受过，在太阳底下暴晒一天会有什么结果？一般皮肤会感到火辣辣地疼，严重的会脱皮。那松树也是一样的，为了抵抗紫外线的入侵，所以松针的颜色较深，同时也起到增加热能的作用，我们都知道，深色物体比浅色物体接收热能的能力要强得多，所以它又有防寒的作用。

分析

1. 试分析以上讲解词中运用了动植物讲解的哪些方法和原则。

2. 这段讲解词是否有不合理之处？如果有请进行改进。

案例解析

在此案例中，导游员运用了植物讲解时的突出形态、突出性能等讲解的原则和方法。

案例重点强调了迎客松的性能，寓意突出的原则运用甚少。因此在接下来的导游词讲解中应该加入迎客松的寓意，以及它对于黄山整体形象的烘托与象征意义。

【任务实施】

实训任务	针对动植物景观的讲解进行角色扮演并讨论分析
任务概述	情景案例：成都大熊猫繁育研究基地建于1987年，拥有大熊猫繁育所需的各种设施，是世界上最大的大熊猫繁育科研机构。它倚山而建，以造园手法模拟大熊猫野外生态环境，集自然山野风光和优美人工景观为一体，被誉为“国宝的自然天堂·人们的世外桃源” 如果对大熊猫进行讲解，你打算如何进行导游词的组织和整理 由学生扮演导游员和旅游者，设计情景内容、进行情景演练
实训学时	建议4学时
实训地点	教室或导游实训室
实训条件	1. 校内实训室：教师、学生所需电脑、多媒体设备，足够的情景展示空间，相应的情景展示道具等 2. 校外实习基地：学生能够跟团参与旅行社所安排的行程，进行全程观摩

续表

实训流程与标准	1. 分配学习小组，教师给出案例，明确小组任务 2. 学习小组赴旅行社，作为实习导游，在网上学习动物景观讲解的技巧 3. 学习小组课前选择与熟悉情景案例，分配角色、进行角色扮演并彩排 4. 各学习小组课堂进行情景展示，全班同学针对各小组的情景内容进行分析讨论、小组代表发言、各小组针对不同意见进行讨论 5. 教师对各小组的情景展示和讨论发言结果进行考核评价，小组之间进行互评 6. 教师布置课后任务，学生以小组为单位完成并提交
实训考核建议	1. 考核内容：态度＋纪律＋展示＋发言 2. 考核方式：课堂情景展示＋小组代表发言 3. 考核主体：教师、学生、企业兼职教师

【自我学习】

自我学习答案

1. 理论测试题

1.1　多选题

生物景观包括(　　)。

A. 植物　　B. 动物　　C. 气象　　D. 建筑　　E. 水体

1.2　判断题

1.2.1　生物景观的讲解应注重时效性。(　　)

1.2.2　在进行生物景观讲解前，掌握大量的生物常识非常必要。(　　)

1.3　案例分析

如何讲解阿拉善的骆驼？需要进行哪些资料的搜查和内容的准备？

讨论：骆驼的讲解内容和步骤。

2. 实训操作题

如何增强植物讲解的科学性和趣味性？

实训要求：

(1)学习小组模拟旅游者参观场景，分派角色；

(2)导游员按照程序进行处理；

(3)学习小组录制情景案例及处理过程视频，并撰写处理报告。

【项目小结】

任务名称	知识、技能、素质
植物景观的讲解	植物景观的讲解原则与方法；语言表达能力；沟通技巧；团队协作
动物景观的讲解	动物景观的讲解原则与方法；语言表达能力；沟通技巧；团队协作

项目五　中国古建筑导游

【项目描述】

通过学习单体古建筑的观赏顺序与讲解以及中国古代建筑导游要领等相关知识，了解中国古建筑的发展历史、主要构成部分及其特点。能够运用所学古建筑知识分析古建筑的基本情况，辨别古建筑的等级、种类、主要部分的构成和特点，分析中国古建筑人文景观的特点和分布，设计游览路线、安排游览内容。

>>任务1　准备工作<<

【任务描述】

分小组搜集当地某中国古建筑的概况，整理古建筑的背景资料，分析古建筑在材料选择上的特点，在外观、布局上的特征；撰写导游词，根据导游图进行讲解。进行组员角色分配，准备实训材料，梳理实训步骤。

【任务目标】

1. 知识目标：能设计案例的主要情景内容，并根据主要内容进行角色分配、角色扮演，能够背会角色台词；能分析案例中导游员的处理方法是否合理。

2. 技能目标：在引导旅游者游览过程中清楚地分辨出古建筑等级、形制、种类，同时延伸其用途。

3. 素质目标：审美素质、记忆能力；组织能力；团队合作能力；查阅资料及资料处理能力；归纳分析能力；语言表达能力；总结与汇报能力；独立思考能力。

【理论引导】

中国古建筑是中国古代文化的浓缩和集中体现。到古建筑地旅游，导游员的讲解若仅局限于景点地名来源传说等的肤浅的介绍，上升不到一个高的层面，或者仅仅是严肃认真的布道式的教育宣传，就会使旅游者感到索然无味，难以产生再次游览的兴致。事实上，许多导游员的讲解过程都只是完成任务般的盲目讲说，缺少特色，而每处古建筑都有它与众不同的特点，因此，导游员的讲解不应该千篇一律。

保护和开发古建筑旅游资源，作为其中一大重要因素的导游员，更应该充分发挥其旅游媒介的沟通作用，做好导游讲解工作。

单体古建筑的观赏程序如下：

1. 登台基。台基是身份和地位的象征，如天子的宫室，台基有九尺高。台基不断加宽加大，也显示了古人对权力的重视。台阶是台基的一部分，帝王宫殿的台阶叫“陛”，这也是对帝王的尊称——“陛下”的由来。

2. 观斗拱。斗拱是中国建筑特有的一种结构。在立柱和横梁交接处，从柱顶上探出的弓形承重结构叫拱，拱与拱之间垫的方形木块叫斗，合称斗拱。

3. 赏屋顶。中国古代的屋顶有硬山、悬山、歇山、庑殿、攒尖等众多形式，加上灿烂夺目的琉璃瓦，无论是平视还是从高空俯视，都能够使建筑物产生独特而强烈的视觉效果和艺术感染力。

4. 品彩画。古建彩画是在中国古代建筑上绘制的装饰画。古代建筑上的彩画主要绘于雀替、斗拱、墙壁、角梁、椽子、栏杆等建筑木构件上。

5. 看等级。不同的建筑会通过屋顶的式样、台基的级别、面阔的间数，斗拱、纹饰、柱等方面体现等级的差别。

【实例分析】

精工细作，建筑意匠

北京的一位导游员在介绍天坛的祈年殿时这样解说：祈年殿是祈谷坛内的主要建筑，原名大祈殿、大享殿，是皇帝孟春祈谷之所。始建于明永乐十八年(1420年)，是天坛的主体建筑，清乾隆十六年(1751年)时经过修缮，改名为祈年殿。大家看，祈年殿是一座圆形建筑，三重檐攒尖顶，顶尖为鎏金宝顶。它是按照“敬天礼神”的思想设计的，殿为圆形，象征天圆，瓦为蓝色，象征蓝天。祈年殿的内部结构很特别，不用大梁和长檩，仅用楠木柱和枋桷相互衔接支撑屋顶。大殿中的四根“龙井柱”象征一年四季，中围的十二根圆柱象征一年十二个月，外围的十二根外檐圆柱象征一天十二个时辰。中层和外层相加一共二十四根，象征一年二十四个节气。三层总共二十八根，象征天上二十八星宿。再加上柱顶端的八根童柱，总共三十六根，象征三十六天罡。祈年殿的藻井中间有金色龙凤浮雕，整个祈年殿富丽堂皇。

案例解析

上述案例中，导游员从建筑历史、建筑功能、屋顶特色、内部结构和装饰等方面介绍祈年殿，由表及里，层层深入，将祈年殿最主要的特色一一展现在旅游者面前，同时将古建筑所代表的内涵和象征精神也介绍给了旅游者，使其明白建筑的文化形态和内涵。

【任务实施】

实训任务	掌握中国古建筑讲解的要领
任务概述	地陪小张接受北京国际旅行社的委派，负责接待来自内蒙古的团队，进行北京故宫的导游讲解。大家对故宫向往已久，尤其是最著名的太和殿。现在他们来到了故宫太和殿，小张应该怎样讲解呢
实训学时	建议 4 学时
实训地点	教室或导游实训室
实训条件	1. 校内实训室：教师、学生所需电脑、多媒体设备，足够的情景展示空间，相应的情景展示道具等 2. 校外实习基地：学生能够跟团参与旅行社所安排的行程，进行全程观摩
实训流程与标准	1. 分配学习小组，教师给出案例，明确小组任务 2. 学习小组赴旅行社，作为实习导游，跟团观摩并学习专业导游人员如何带团和安排行程活动及处理旅游者问题 3. 学习小组课前选择与熟悉情景案例，分配角色，进行角色扮演并彩排 4. 各学习小组课堂进行情景展示，全班同学针对各小组的情景内容进行分析讨论，小组代表发言，各小组针对不同意见进行讨论 5. 教师对各小组的情景展示和讨论发言结果进行考核评价，小组之间进行互评 6. 教师布置课后任务，学生以小组为单位完成并提交
实训考核建议	1. 考核内容：态度＋纪律＋展示＋发言 2. 考核方式：课堂情景展示＋小组代表发言 3. 考核主体：教师、学生、企业兼职教师

【自我学习】

1. 理论测试题

1.1 填空题

单体古建筑讲解的程序是（　　）、（　　）、（　　）、（　　）、（　　）。

1.2 多选题

在中国古建筑中，和“陛下”一词有关的是（　　）。

A. 台基　　B. 斗拱　　C. 彩画　　D. 等级

E. 建筑风格

自我学习答案

1.3 判断题

1.3.1 古建筑的建筑年代是讲解的重要突破口。（　　）

1.3.2 在进行古建筑讲解时应注意将文化知识渗透其中。（　　）

1.4 案例分析

如何讲解杭州西湖的雷峰塔？讲解的步骤和重点分别有哪些？

讨论：雷峰塔的建筑年代和结构。

2. 实训操作题

如何识别古建筑的结构？

实训要求：

(1)学习小组模拟旅游者参观场景，分派角色；

(2)导游员按照程序进行处理；

(3)学习小组将情景案例及处理过程录制成视频，并撰写处理报告。

>> 任务2　现场导游 <<

【任务描述】

小组通过模拟讲解中国古建筑的情景，进行导游员、旅游者等角色扮演，在实训过程中，明确中国古建筑讲解的原则和方法，学会评价和考核方法，能够运用一定的讲解技巧。

【任务目标】

1. 知识目标：能设计合理的景点参观的线路图，并根据主要景点的分布进行讲解；导游词的讲解完整生动，讲解内容没有知识性错误，讲解时注意仪容仪表。

2. 技能目标：学会中国古建筑的讲解原则和方法；能够讲得有吸引力。

3. 素质目标：记忆能力；表演能力；团队合作能力；查阅资料及资料处理能力；归纳分析能力；语言表达能力；总结与汇报能力；独立思考能力。

【理论引导】

古代的建筑是古人智慧的浓缩与象征，一处古建筑是千百年来留存的文化的集中体现，在讲解过程中，要注意古建筑讲解要领。

1. 突出功能性。古代所有的建筑在修建之初都是有功能的，比如天坛的祭祀功能、寺庙牌坊的寓意功能、山门的人流疏散功能等，导游员只有讲清楚古建筑的功能，才能使旅游者感到信服。

2. 突出风格特色。不同的单体古建筑，其风格也各不相同，只有突出其与众不同之处，才能丰富讲解的内容。

3. 突出结构。古建筑的布局与结构分布往往颇为考究，因此在讲解前要搜集丰富的信息和资料。

常见问题：1. 旅游者乱涂乱画；2. 旅游者打断导游员的讲解。

处理方法：先人后己，避免反客为主。

【实例分析】

江南三大名楼的讲解片段

黄鹤楼

黄鹤楼自古以来就有“天下第一楼”的美名，它位于湖北省武汉市，在它的旁边流淌着的就是滚滚长江。

黄鹤楼的出名，是因为历史上曾经有很多文人骚客到过这里，当然也免不了要题诗呢！大家看那面墙，我们叫它题诗墙，据说，当年崔颢就是在这面墙上题下了著名的《黄鹤楼》诗！当年也是在这里，“诗仙”李白与好友孟浩然依依惜别，写下了著名的《黄鹤楼送孟浩然之广陵》。

大家看那座亭子，它可是黄鹤楼公园非常有名的景点，它就是“搁笔亭”，据说是为李白而建的。当年李白来到黄鹤楼，看到眼前的美景，心中汹涌澎湃，很想题诗一首，但是他看到了题诗墙上崔颢的诗，感觉这首诗就是最好的黄鹤楼诗，再也不可能有人能写出更好的诗了，于是题了两句“眼前有景道不得，崔颢题诗在上头”，就搁笔不再写黄鹤楼的诗了！

岳阳楼

朋友们，现在各位面前的就是岳阳楼。横匾上“岳阳楼”三个字是由郭沫若先生题写的。大家请看，整个大楼由四根楠木大柱支撑，自楼底直贯楼顶，再以 12 根金柱为内圈支撑二楼，周围则绕以 20 根檐柱，彼此牵制门缝对榫，连接为整体。岳阳楼三层三檐，盔顶式木结构，盖黄色琉璃瓦。盔顶是岳阳楼建筑的突出特色。大家请看，它形似古代将军的头盔，威武雄壮，配以飞檐，曲线流畅，给人势欲凌空之感。大家再看盔顶下的如意斗拱，它形似蜂窝，层叠相称，饰以龙头、凤头等纹饰，既能承托盔顶重力，又使整个建筑更为精美、庄重、和谐。可见，岳阳楼的建筑在美学、力学、建筑学和工艺学方面都有惊人成就。

进入主楼，首先映入大家眼帘的是《岳阳楼记》的雕屏，这幅雕屏由 12 块紫檀木组成。庆历四年(1044 年)，滕子京被贬为岳州知府，他上任后重修岳阳楼，并请好友范仲淹写下了千古名篇《岳阳楼记》。这篇文章全文虽然仅有 300 多字，但是内容博大、哲理精深、气势磅礴、语言铿锵，而“先天下之忧而忧，后天下之乐而乐”更是传世名句，成为中华民族优秀知识分子崇高人格的写照。《岳阳楼记》以其思想内容和艺术魅力滋养着人们的心灵。我们现在登上岳阳楼的顶层，凭窗远眺，可领略到“衔远山，吞长江”的磅礴气势，欣赏“朝晖夕阴，气象万千”的湖光山色。大家可以看到洞庭湖水天相接，浑成一色，无边无际，山色湖光荟萃一楼。中间是毛泽东手书杜甫《登岳阳楼》的条屏，你看它布局严谨，笔意奔放，雄健挺拔，是一件难得的艺术品。

滕王阁

滕王阁始建于唐永徽四年(653 年)，为唐高祖李渊之子李元婴所建。李元婴在贞观年间被封为滕王，且于滕州筑一阁楼，名为“滕王阁”，后他调任洪州，又建一豪阁，也叫作“滕王阁”，这也就是大家熟悉的江西滕王阁。我们看到的滕王阁是三层楼，而实际上它采用“明三暗七”的格局，从外面看只有三层带回廊建筑，其实里面一共有七层。今天的滕王阁之所以是仿宋建筑，是因为 1942 年古建大师梁思成先生偕同其弟子莫宗江根据天籁阁旧藏宋画绘制了八幅《重建滕王阁计划草图》。在第 29 次重建之时，建筑师们便以此作为依据。在庆祝中华人民共和国成立四十周年之际，第 29 次重建的滕王阁于 1989 年 10 月 8 日重阳节落成，给古城南昌增色添辉，同时吸引着纷至沓来的中外游人。滕王阁是南昌的骄傲，是豫章古文明的象征，也是中华民族文化的瑰宝。

案例解析

黄鹤楼、岳阳楼、滕王阁并称为江南三大名楼，但各有不同，它们的地理位置、建造年代、建筑特色、文人所题诗文等均有不同。导游员在讲解时，应该注意区别，讲清特色。

【任务实施】

实训任务	针对情景案例进行角色扮演并讨论分析
任务概述	情景案例：在小张同学的要求下，小李同学自告奋勇充当导游员，带其参观自己家乡的古建筑。由学生扮演小张和小李，设计情景内容，进行情景演练
实训学时	建议4学时
实训地点	教室或导游实训室
实训条件	1. 校内实训室：教师、学生所需电脑、多媒体设备，足够的情景展示空间，相应的情景展示道具等 2. 校外实习基地：学生能够跟团参与旅行社所安排的行程，进行全程观摩
实训流程与标准	一、实训准备 学生分组扮演小张与小李 二、实训过程 1. 致欢迎词 2. 沿途风光导游讲解 3. 古建筑介绍 了解始建年代、地理位置、特点等 三、实训结束
实训考核建议	1. 考核内容：态度＋纪律＋展示＋发言 2. 考核方式：课堂情景展示＋小组代表发言 3. 考核主体：教师、学生、企业兼职教师

【自我学习】

1. 理论测试题

1.1　填空题

古建筑讲解的要领是(　　)、(　　)、(　　)。

1.2　多选题

古建筑的讲解要注意的问题有(　　)。

A. 搜集资料的准确性　　B. 建筑的历史年代

C. 建筑的功效　　D. 建筑者的意图

E. 建筑风格

1.3　判断题

1.3.1　古建筑的讲解注重的是文化性。(　　)

1.3.2　在进行古建筑导游时，讲解词可以大同小异。(　　)

2. 实训操作题

如何增强古建筑讲解的文化性？

自我学习答案

实训要求：

(1)学习小组模拟参观场景，分派角色；

(2)导游员按照程序进行处理；

(3)学习小组录制情景案例及处理过程视频，并撰写处理报告。

【项目小结】

任务名称	知识、技能、素质
古建筑景观的讲解	讲解的原则与方法；语言表达能力；沟通技巧；团队协作
导游词的整理与撰写	文字处理的能力；语言表达能力；沟通技巧；团队协作
不同团型对古建筑景观讲解的不同要求	讲解侧重点变化的方法；语言表达能力；沟通技巧；团队协作

项目六　园林景观导游

【项目描述】

学习园林景观的特征和类型等基本知识，掌握园林景观的讲解服务技巧，撰写园林景观导游讲解词，讲解一处园林景观。

>> 任务1　准备工作 <<

【任务描述】

根据教师所提供的资料或网络资源选取典型的园林景观，以小组为单位搜集园林景观的基本资料；查找园林景观的背景知识及同类景观的特色。

【任务目标】

1. 知识目标：掌握中国古典园林的发展历史、类型，理解中国古典园林的特色及其蕴含的思想文化，了解中国古典园林造园手法。

2. 技能目标：能够分析园林个案中的构景手法，针对一处典型的园林景观能够分析出它的特点、类型以及所具有的历史文化、艺术观赏、科学考察的价值。

3. 素质目标：记忆能力；团队合作能力；查阅资料及资料处理能力；归纳分析能力；语言表达能力；总结与汇报能力。

【理论引导】

一、中国古典园林概述

(一)中国古典园林的发展过程

1. 生成时期

中国园林的产生和成长大致在周、秦、汉时期。周为奴隶制，奴隶主贵族通过分封制度获得其世袭不变的统治地位。西周和春秋战国时期贵族的宫苑是中国古典园林的滥觞，也是皇家园林的前身。秦、汉为中央集权的郡县制，确立了以皇权为首的封建官僚机构的统治，儒学逐渐获得正统地位，以地主小农经济为基础的封建大帝国形成。相应地，皇家的宫廷园林规划宏大，气势雄浑，成为这个时期造园的主流。

2. **转折时期**

中国园林的转折期是魏晋南北朝时期。此时，小农经济受到豪族庄园经济冲击，北方少数民族南下，南北长期处于分立状态。豪门士族在一定程度上削弱了皇权，民间的私家园林异军突起，而佛教和道教的流行，使得寺观园林开始兴盛起来。这些变化促成了造园活动从产生到全盛的转折。魏晋南北朝时期园林美学思想初步确立，为中国风景式园林发展打下了基础。

3. **全盛时期**

中国园林的全盛时期是隋唐时期。隋唐时期，中央集权的封建官僚机构更为健全、完善，在思想方面形成儒、道、释互补，儒家仍居正统地位的格局。唐王朝更是开创了中国历史上一个充满活力的全盛时代。在这个时代，我们可以看到中国传统文化的宏放风度和旺盛生命力。园林的发展也相应地进入了它的全盛期，作为一个园林体系，其所具有的风格特征也已经基本形成。

4. **成熟时期**

中国园林在两宋至清代进入成熟时期。隋唐之后，封建政治制度进一步定型，地主小农经济稳步成长，城市的商业经济空前繁荣，市民文化兴起，为传统文化注入了新鲜血液。封建文化的发展虽已失去了汉、唐的宏放风度，但在日益缩小的精致境界中，实现着从总体到细节的自我完善。相应地，园林的发展亦由全盛时期进入成熟时期。清中叶到清末，封建社会盛极转衰，西方文化大量涌入，中国园林亦相应地发生了根本性的变化，结束了它的古典时代。

(二)中西古典园林的差异

1. **指导思想**

中国古典园林讲究自然美，体现“天人合一”的境界；西方古典园林讲究人工美，体现征服自然的哲学思想。

2. **造园态度**

中国古典园林追求自然拟人化；西方古典园林追求人化自然。

3. **审美观念**

中国古典园林注重“景”和“情”的融合，追求意境美；西方古典园林追求轴线对称、均衡布局、几何图案、韵律节奏的形式美。

4. **造园法则**

中国古典园林的景观布置往往出乎意料，看起来充满偶然性；西方古典园林的图案构成往往体现精心设计，体现必然性。

5. **表现效果**

中国古典园林含蓄、幽雅，使人感到朦胧、自然；西方古典园林主从分明，重点突出，给人井然有序的印象。

二、中国古典园林的分类

中国古代到底有多少种园林？应当如何划分？不同的分类标准有不同的结果。

(一)按占有者身份划分

1. **皇家园林**

皇家园林是专供帝王休息享乐的园林。《诗经》云："溥天之下，莫非王土。"在统治阶级看来，国家的山河都是属于皇家所有的。所以皇家园林往往规模宏大，真山真水较多，园中建筑体量高大、富丽堂皇。现存的著名皇家园林有北京的颐和园、河北承德的避暑山庄等。

2. **私家园林**

私家园林是供宗室、外戚、官吏、富商大贾等休闲的园林。其特点是规模较小，常用假山假水，建筑小巧玲珑，色彩淡雅素净。现存的私家园林有苏州的拙政园、留园、网狮园，上海的豫园等。

(二)按园林所处地理位置划分

1. **北方类型**

北方园林因地域宽广而面积范围较大；又因多近政治中心，所以建筑富丽堂皇。因自然条件所限，湖泊、园石和常绿树木较少，风格粗犷，秀美不足。北方园林的代表多集中于北京、西安、洛阳等古都。

2. **江南类型**

南方人口较密集，所以园林面积相对北方较小；又因河湖、园石、常绿树木较多，所以园林景致细腻幽美。江南园林或明媚秀丽，或淡雅朴素，或曲折幽深，但因面积小而略感局促。南方园林的代表大多集中于南京、上海、苏州、杭州、扬州等地。

3. **岭南类型**

岭南地处亚热带，树木终年常青，又多河川，所以造园条件比北方、江南都好。岭南园林多具热带风光，建筑物较高而宽敞。现存著名的岭南类型园林有广东顺德的清晖园、东莞的可园、番禺的余荫山房等。

三、中国古典园林的组成要素

(一)山

山为骨架，水为灵魂。山是中国古典园林的重要组成部分，它的根本目的是起到登高望远、扩大空间的作用。苏州环秀山庄的假山是南方私家园林的典型代表，有危崖、峭壁、峡谷、溪涧、飞梁、山洞石室等，几乎把世间山水的灵气都融合进去了。连园林专家都赞叹："造园者未见此山，正如学诗者不知李杜。"

(二)水

中国古典园林追求山水的自然之美，往往以掩、隔、破等理水之法，根据自然界中水的各种形态来设置园林中的水景。

(三)植物

中国古典园林对花木的选择标准颇为严格，有姿美、色美、味香，以及有象征寓意等。

(四)动物

中国古典园林重视饲养动物。最早的苑囿就以动物作为观赏、娱乐对象。魏晋南北朝时期，园林中有众多鸟禽，成为园林山水景观的天然点缀；唐代王维的辋川别墅中养鹿放鹤；宋徽宗所建艮岳集天下珍禽异兽；明清时园林中亦有白鹤、鸳鸯、金鱼等。园中动物可观赏娱乐，可隐喻长寿，也可借以扩大和涤化自然境界。

(五)建筑

中国古典园林中的建筑形式多种多样，有厅、堂、亭、楼、阁、榭、塔、廊、桥、墙等。

厅是满足会客、宴请需求，以及观赏花木或欣赏小型表演的建筑，在古代园林宅第中发挥着公共建筑的功能。它不仅要求较大的空间以便容纳众多的宾客，还要求门窗装饰考究。建筑总体造型典雅、端庄，厅前广植花木，叠石为山。一般的厅都是前后开窗设门，也有四面开门窗的四面厅。

堂是居住建筑中对正房的称呼，一般是一家之长的居住地，也可作为家庭举行庆典的场所。堂多位于建筑群中的中轴线上，体型严整，装修瑰丽。室内常用隔扇、落地罩、博古架进行空间分割。

亭是憩息赏景的建筑，也是园中的一景，大小不一，式样众多。通常有四方亭、六角亭、八角亭、圆亭、扇面亭等，其屋顶分单檐和重檐两类。

楼是两重以上的屋。楼的位置在明代大多位于厅堂之后，一般作卧室、书房或用来观赏风景，也常常成为园中的一景，尤其在临水背山的情况下更是如此。

阁与楼近似，但较小巧。平面为方形或多边形，多为两层的建筑，四面开窗。一般用来藏书、观景，也可用来供奉巨型佛像。

榭的突出特点是建于水边，架临水上。它结构轻巧、立面开敞，跨水部分由立于水中的石构梁柱支撑，主要作用是点饰水岸和观赏水景。

塔是重要的佛教建筑，在园林中往往是构图中心和借景对象。

廊是园林中的突出建筑，它不仅是连接建筑之间的有顶建筑，而且是划分空间、组成景区的重要手段，同时它本身又能构成园中之景。一般廊上都有彩画。

桥在园林中不仅供交通运输之用，还有点饰环境和借景、障景的作用。

墙指园林的围墙，用于围合及分隔空间，有外墙、内墙之分。墙的造型丰富多样，常见的有粉墙和云墙。粉墙一般外饰白灰，以砖瓦压顶；云墙则呈波浪形，以瓦压饰。墙上常设漏窗，窗景多姿，墙头、墙壁也常有装饰。

(六)匾额、楹联与刻石

每当园林建成后，园主总要邀集一些文人，根据园主的立意和园林的景象，给园林和建筑物命名，并配以匾额题词、楹联诗文及刻石。匾额是指悬置于建筑物正门之上的题字牌，楹联是指门两侧柱上的竖牌，刻石指山石上的题诗刻字。园林中的匾额、楹联及刻石的内容，多直接引用前人的现成诗句，或略作变通，如苏州拙政园的浮翠阁引自苏东坡的“三峰已过天浮翠”，还有一些是即兴创作的，不论是匾额、楹联还是刻石，不仅能够陶冶情操、抒发胸臆，也能够起到点景的作用，为园中景点增加诗意，拓宽意境。

四、古典园林的特色

1. 造园艺术师法自然。园林的总体布局要合乎自然客观规律，园林组成要素的形象组合要合乎自然规律。

2. 分隔空间融于自然。

3. 园林建筑顺应自然。

4. 树木花卉表现自然。

五、中国园林地形规划原则

园林的地形分为陆地及水体两大部分。地形规划的好与坏不仅直接影响着园林空间的美学特征，更影响着园林的整体布局、景观效果、排水设施、管道设施等要素。因此，园林地形的规划必须遵循四大原则。

1. 因景得宜

地形规划是造园的基础，也是造园的必要条件。《园治·兴造论》云：“‘因’者：随基势之高下，体形之端正，碍木删桠，泉流石注，互相借资；宜亭斯亭，宜榭斯榭，不妨偏径，顿置婉转。”即因不同的地点和环境条件灵活地组景，有山靠山，有水依水，充分抓取自然美景为我所用。地形的规划对景点的布置起着决定性的作用，因此，在造园前必须进行地形规划。

2. 地形与环境相协调

园林中的地形往往具有连续性，园林中的各组成部分是相互联系、相互影响、相互制约的，不可能孤立存在。因此，地形的规划既要满足排水及种植要求，又要与周围环境融为一体，力求达到自然过渡的效果。

3. **随势生机**

要想在一片土地上创造多种景观效果，首先必须进行合理的地形改造，再合理布局，如依低挖湖、据高堆山或适当平整土地等，使园林地形富于变化，并利用地形组织空间和控制视线，通过与其他园林要素的配合，形成一个自然丰富、优美的空间景域，满足人们观赏休息及进行各种活动的需求。

《园治》中有“约十亩之基，须开池者三”“余七分之地，为垒土者四”的说法，这种用地比例虽不可定格，但足以说明园林布局应首先进行竖向规划，做到山水相依，水陆比例合宜。

4. **符合园林美**

园林是经过人为的艺术加工和工程措施修建而成的。园林美源于自然又高于自然，具有多样性，是自然景观和人文景观的高度统一，也是在园林的地形规划中必须遵循的原则。

案例：谐趣园导游词示例(节选)

谐趣园位于颐和园东北角，是一处有名的“园中之园”。它建于清乾隆十六年(1751年)，最初叫惠山园，是仿江南无锡惠山的寄畅园而建成的。嘉庆十六年(1811年)曾经重修过，并取“以物外之静趣，谐寸田之中和”的寓意，改名为谐趣园。慈禧太后驻跸颐和园时，常来此观鱼垂钓。大家看，园中的这一处荷花池，周围遍植垂柳，环池而建的是13座亭台楼榭，非常漂亮。现在正是夏季，我们可以看到满池的荷花，闻到沁人心脾的清香。当您秋天来这里的时候，池中虽只有残荷，可天更蓝，云更白，周围树叶金黄，一片秋高气爽的风光。如果您冬天来这里，可以看到池水一片冰封，瑞雪覆盖，满园皆白，好一个银色的世界。假如您春天来这里，可以看到冰雪消融，杨柳吐绿，鸟语花香。这正是人们所说的“时趣”。谐趣园里一共可以总结出类似这样的“八趣”。在接下来的游览中，我会向朋友们一一道来。

园子东南这座亭叫知春亭，亭的顶部为古建筑中的四角攒尖顶，是一座敞亭。亭檐下的匾额为“知春亭”。靠这个亭子的东南一点儿的建筑叫“饮镜”，面阔三间，它的顶部在古建筑中叫作悬山箍头脊。靠北面一点的建筑叫“洗秋”，属于歇山卷棚顶，四周均有回廊。它北侧的建筑叫“饮绿”，是一座四角方敞亭。传说慈禧太后常在此钓鱼。从饮绿这个方向向东延伸就是14间回廊，回廊角端的建筑名字叫“澹碧”。这座建筑是坐南朝北的方向，顶部是硬山箍头脊，在它的东北方向又有16间“趣廊”。在这座园子里，几乎所有的亭、台、楼、阁、轩都由趣廊相连接，可谓是三步一回，五步一转，错落有致，玲珑可爱，行走其间别有一番情趣，这就是人们所说的“廊趣”。

【任务实施】

实训任务	园林景观导游服务准备
任务概述	古典园林是浓缩了建筑、山水、书画、植物、历史事件和人物等要素的综合景观，向来是导游讲解工作的重点，尤其是一些大型的、综合性的古典园林景观讲解，对导游讲解人员而言更是严峻的考验。针对这样的考验，导游员小刘需要掌握哪些基本常识呢
实训学时	建议2学时
实训地点	教室或导游实训室
实训条件	1. 校内实训室：教师、学生所需电脑、多媒体设备 2. 校外实习基地：学生能够跟团参与旅行社所安排的行程，进行全程观摩
实训流程与标准	1. 教师列出著名园林景观的名称，要考虑园林类型的全面性，包括北方园林、江南园林和岭南园林等 2. 学生分组，6人左右一组，每组选定小组长，由小组长分配学生分别扮演旅游景区讲解员、旅游者等角色 3. 小组抽签选择要讲解的园林景观 4. 根据所抽到的内容查阅典型园林景观的相关资料，熟悉导游图和游览路线 5. 根据园林景观实际，科学设计游览线路，合理安排游览项目 6. 所准备的成果运用PPT的形式展示给大家 7. 学生点评，分享有无，取长补短 8. 教师点评，补充纠错，提炼重点
实训考核建议	1. 考核内容：态度＋纪律＋展示＋发言 2. 考核方式：课堂展示＋小组熟悉景观情况 3. 考核主体：教师、学生

【自我学习】

理论测试题

1. 多选题

1.1　中国古典园林按占有者身份分为(　　)。

A. 皇家园林　　B. 私家园林　　C. 北方类型　　D. 岭南类型

1.2　中国古典园林构景中，“借景”所追求的效果是(　　)。

A. 步移景异　　B. 空间有限，景致无限

C. 增加景深，丰富层次　　D. “窗含西岭千秋雪”

E. “柳暗花明又一村”

2. 简答题

2.1　简述中西古典园林的差异。

2.2　简述中国古典园林的组成要素。

自我学习答案

>> 任务 2　现场导游 <<

【任务描述】

以小组为单位，每组针对不同旅游团的特点，采用灵活的讲解方法，选取最佳游览路线，撰写导游词并进行讲解，让旅游者最大限度地获得美的享受。

【任务目标】

1. 知识目标：掌握中国古典园林的导游讲解要领，掌握古典园林的讲解技巧。

2. 技能目标：能够运用所学知识撰写中国古典园林的导游词，能对典型园林进行导游讲解。

3. 素质目标：提高学生语言表达能力和沟通能力，培养自学、创作、创新能力，能够欣赏中国古典园林中的“诗情画意”与“天人合一”的美，激发学生对祖国的传统历史文化和美丽河山的热爱之情。

【理论引导】

古典园林是我国旅游景点中非常重要的组成部分，也是我国宝贵的文化遗产。我国古典园林分布广泛，其中以北方园林、江南园林和岭南园林为代表，各地园林都有着不同的造园手法和鲜明的艺术特色。随着旅游业快速发展、旅游者的需求层次和审美程度不断提高，对导游讲解工作也提出了更高的要求。导游员的讲解质量直接影响到导游服务的整体水平，也关乎一个地区的旅游形象。

一、如何引导旅游者欣赏古典园林

1. 引导旅游者领会古典园林的风格和特色；
2. 引导旅游者领会古典园林的诗情画意；
3. 引导旅游者领会古典园林的地方特色；
4. 引导旅游者领会古典园林景观的不同美。

二、古典园林景观导游技巧

(一)古典园林游览方案设计技巧

1. 线路安排

(1)要顺应园林的自然布局，注意不要走回头路。

(2)应考虑不同游览对象的需求和天气条件等因素，有差别地进行安排。

2. 内容选择

(1)古典园林游览一般以观赏性活动为主，也有可参与性的项目。

(2)古典园林讲解的具体内容应根据具体的接待对象而确定，既要有广度，又要有深度。

(二)古典园林向导技巧

1. 古典园林游览节奏的把握

(1)根据不同服务对象把握游览节奏。

(2)根据不同的时间和季节把握游览节奏。

(3)根据古典园林的景观状况把握游览节奏。

2. 古典园林游览中观赏角度的把握

中国古典园林的构景手法多样，有“抑景”“添景”“夹景”“对景”“框景”和“漏景”等，只要导游员在游览园林的过程中善于引导旅游者运用这些构景手法，从不同角度去观赏园林的景致，细细品味，旅游者就一定会获得出乎意料的美的享受。

(1)抑景

中国传统艺术历来讲究含蓄，所以园林造景也绝不会让人一走进门口就看到最好的景色，最好的景色往往藏在后面，这叫作“先藏后露”“欲扬先抑”“山重水复疑无路，柳暗花明又一村”。采取抑景的办法，才能使园林显得有艺术磁力。例如，园林入口处常迎门挡以假山，这种处理叫作山抑。

(2)添景

当一处风景点在远方时，如没有其他景点在中间、近处做过渡，就显得虚空而没有层次；如果在中间、近处有乔木、花卉作为过渡景，景色就会显得有层次感，这中间的乔木和近处的花卉，便叫作添景。如当人们站在北京颐和园昆明湖南岸的垂柳下观赏万寿山远景时，万寿山便因为有倒挂的柳丝作为装饰而显得生动起来。

(3)夹景

当一处风景点在远方时，它本身固然很有审美价值，但如果人们在眺望它时，视线的两侧空空荡荡的，就会显得单调乏味；如果用建筑物或树木花卉将视线两侧屏障起来，就会为这处风景点平添几分诗情画意，这种构景手法即为夹景。如在颐和园后山的苏州河中划船，远方的苏州桥主景为两岸起伏的土山和美丽的林带所夹峙，就会显得更加明媚动人。

(4)对景

在园林中，登上亭、台、楼、阁、榭，可观赏堂、山、桥、树木；而立于堂、桥、廊等处，又可观赏亭、台、楼、阁、榭。这种既可从甲观赏点观赏乙观赏点，又可从乙观赏点观赏甲观赏点的方法(或构景方法)，叫对景。

(5)框景

园林中建筑的门、窗、洞，或乔木树枝抱合成的景框，往往把远处的山水美景或人文景观包含其中，这便是框景。

(6)漏景

园林的围墙以及走廊(单廊或复廊)一侧或两侧的墙上，常常设以漏窗，或雕以带有民族特色的各种几何图形，或雕以葡萄、石榴、老梅、修竹等植物形状，或雕以鹿、鹤、兔等动物形状。透过漏窗的窗隙，可窥见园外或院外的美景，这叫作漏景。

此外，还可从远眺、平视、俯视、仰视等角度对古典园林进行观赏。

3. 古典园林游览中导和游关系的处理

(1)根据园林游览线路上景观的主次处理好导和游的关系。

(2)根据旅游者的游兴处理好导和游的关系。

(3)根据园林景点的拥挤程度处理好导和游的关系。

三、古典园林讲解技巧

1. 从造园法则讲解其构景特点，即讲究天人合一、叠山理水、虚实结合。

2. 从文化内涵讲解特色。可选择重点讲解诗、文、书画、音乐等相关知识，可讲解园林的美学特征，亦可适当让旅游者自己感悟——引而不发。

3. 从动静结合中讲解审美情趣。

4. 抓住园林的主题。

【实例分析】

知之为知之，不知为不知

导游员小刘带一个老年团游览景山公园。她给老人们讲了1644年4月25日崇祯皇帝吊死在景山一棵槐树上的故事，但是老人们说那棵槐树不像是四百年前的老树，就问她原来那棵树的事情。小刘没能答上来，只好打哈哈说，原来那棵树已经死了，此地不好空着，于是再栽上现在这棵树。虽然老人们一笑了之，但是小刘感觉得出老人们并不满意。后来老人们又问了小刘几个问题，小刘也没答上来。结果不少人都去“蹭”听其他团了，弄得小刘很是难受。当天晚上，她连夜翻书查找资料，又打电话询问有经验的导游人员，终于把问题弄清楚了。第二天，她在车上诚恳地承认了自己历史知识的局限，并为昨天的不诚实而道歉，然后把这个故事原原本本地讲给了老人们听。

【案例分析】

导游员不可能在每个方面都是专家，也有不知、不懂的问题。遇到旅游者提出自己不懂的问题，绝对不能不懂装懂，答非所问，要实事求是，不能胡乱猜测。力争当天就要弄明白问题的缘由，及时为旅游者讲解清楚。即使旅游者没有问题，导游员自己每天也要认真反思，看看自己有什么不足。

【任务实施】

实训任务	园林景观导游讲解
任务概述	情景案例：作为地陪的小张将接待一个商务团去号称“江南园林甲天下”的苏州游览，小张应如何讲解，才能让旅游者满意而归呢？ 选好切入点撰写一篇介绍中国古典园林的途中导游词，尽最大努力激起旅游者的游览兴趣，然后运用园林景观的讲解方法进行导游讲解
实训学时	建议4学时
实训地点	教室或导游实训室
实训条件	1. 校内实训室：教师、学生所需电脑、多媒体设备，足够的情景展示空间，相应的情景展示道具等 2. 校外实习基地：学生能够跟团参与旅行社所安排的行程，进行全程观摩
实训流程与标准	一、实训准备 1. 教师列出著名园林景观的名称 2. 学生分组，6人左右一组，每组选定小组长，由小组长分配学生分别扮演旅游景区讲解员、旅游者等角色 3. 小组抽签选择要讲解的园林景观 4. 教师讲解园林景观导游词创作注意事项和导游讲解要领 5. 学生分小组查阅相关园林景观的背景或到旅游景观进行实地考察 6. 分小组撰写园林景观的特色，设计游览线路，安排游览项目 7. 分小组撰写园林景观导游词，并提交实训指导教师 8. 实训指导教师对小组撰写的导游词提交修改建议，各小组进行反复修改 9. 小组导游词定稿后，制作导游讲解PPT，并练习脱稿讲解 二、实训开始 1. 教师为学生进行园林景观导游讲解示范和辅导 2. 学生分小组进行园林景观模拟导游讲解 三、实训结束 1. 分组讨论实训的表现及效果，每组由2～3名代表对实训过程进行点评 2. 教师根据同学的评价情况、实训中出现的问题以及需要注意的问题进行讲评，并全面归纳总结 3. 撰写实训报告
实训考核建议	1. 考核内容：态度＋纪律＋展示＋发言 2. 考核方式：以下面评价表为准 3. 考核主体：教师、学生、企业兼职教师

续表

实训考核建议	园林景观导游讲解训练评价表				
	组别： 考核时间： 考核教师：				
	评价项目		配分	得分	备注
	园林景观导游词创作（共 40 分）	结构完整，富有逻辑性和层次感	10		
		旅游线路设计合理，内容丰富、正确无误	10		
		词语搭配恰当，修辞手法运用恰当、贴切	10		
		有一定特色和创新，符合自己的风格	10		
	园林景观导游讲解（共 50 分）	讲解结构完整、自然流畅、内容准确、条理清楚	15		
		重点突出，运用一定的导游讲解技巧	15		
		表达准确清晰、生动流畅、富于感染力和说服力	10		
		音量适度，语调富于变化，语速适宜，停顿合理	5		
		目光分配合理；手势恰到好处	5		
	礼貌礼仪（共 10 分）	着装整洁、得体；发型和饰物佩戴符合要求	5		
		言谈举止文明稳重；情绪饱满；态度端正	5		
	总分		100		

【自我学习】

1. 理论测试题(多选)

1.1　如何引导旅游者欣赏古典园林？(　　)

A. 引导旅游者领会古典园林的风格和特色

B. 引导旅游者领会古典园林的诗情画意

C. 引导旅游者领会古典园林的地方特色

D. 引导旅游者领会古典园林景观的不同美

自我学习答案

1.2　中国古典园林的构景手法有(　　)。

A.“抑景”和“添景”　　B.“夹景”和“对景”

C.“框景”和“漏景”

1.3　中国古典园林的讲解技巧有(　　)。

A. 从园林法则讲解其构景特点　　B. 从文化内涵讲解特色

C. 从动静结合中讲解审美情趣　　D. 抓住园林的主题

2. 实训操作题

编写一处当地园林景观的导游词，并进行讲解练习。

要求：

(1)导游词字数不低于 1000；

(2)以小组为单位相互讲解练习；

(3)将练习、讲解的过程拍摄成视频上交。

【项目小结】

任务名称	知识、技能、素质
准备工作	学习中国古典园林的起源、类型和发展，针对某处典型的园林景观，能够分析出它的特点、类型以及所具有的历史文化、艺术观赏、科学考察的价值。提高记忆能力、团队合作能力、查阅资料及资料处理能力、归纳分析能力、语言表达能力、总结与汇报能力
现场导游	掌握园林景观导游讲解要领，能运用园林景观导游讲解技巧，能对园林景观进行导游词创作，能对典型园林景观进行导游讲解。提高学生语言表达能力和沟通能力，培养自学、创作、创新能力，能够欣赏中国古典园林中的“诗情画意”与“天人合一”的美，激发旅游者对祖国的传统历史文化和美丽河山的热爱

项目七　宗教景观导游

【项目描述】

通过学习宗教景观的特征和类型等基本知识，熟练掌握宗教景观的讲解服务技巧，能够讲解一处宗教景观，撰写宗教景观导游讲解词。

>> 任务1　准备工作 <<

【任务描述】

根据教师所提供的资源或网络资源选取典型的宗教景观，以小组为单位搜集宗教景观的基本情况和资料；查找宗教景观的背景知识及同类景观的特色。

【任务目标】

1. 知识目标：认识了解不同宗教的相关文化历史知识。

2. 技能目标：能够针对某处典型的宗教景观分析出它的特点、类型以及所具有的历史文化、艺术观赏、科学考察价值。

3. 素质目标：记忆能力；团队合作能力；查阅资料及资料处理能力；归纳分析能力；语言表达能力；总结与汇报能力。

【理论引导】

宗教是人类社会发展到一定阶段的历史现象。作为人类文明的一部分，宗教不仅与哲学、艺术、法律、道德等关系密切，也使得建筑、聚落、服饰等文化景观表现出独特的风格。

一、佛教建筑导游

(一)佛教建筑的基本常识

佛教建筑主要有寺院、石窟和佛塔。

1. **寺院**

寺院是佛教徒进行宗教活动的主要场所。佛教寺院的主要建筑都位于其南北中轴线上，次要或附属的建筑则分列在中轴线的两侧。具体地说，中轴线上由南往北，主要建筑是三门、天王殿、大雄宝殿(大殿)、法堂、藏经楼。寺院的东、西两侧是僧人的生活区和接待区。佛教寺院的基本建筑有：

三门。寺庙的外门一般三门并立，即空门(中)、无相门(东)、无作门(西)，象征三解脱门。空门两侧通常立有金刚力士。

天王殿，即寺庙内第一重殿。殿内正中供奉大肚弥勒或弥勒真身——天冠弥勒，两侧为四大天王，背后为护法天神韦驮。

钟楼和鼓楼。钟楼位于天王殿左(东)前侧，悬有洪钟，亦有钟下供奉地藏菩萨和其左胁侍道明、右胁侍闵公的。鼓楼位于天王殿右(西)前侧，置有大鼓。与钟楼相对，形成“晨钟暮鼓”，亦有鼓下供奉伽蓝神关羽和其左胁侍关平、右胁侍周仓的。

大雄宝殿，即寺庙正殿。大雄宝殿有供奉一佛、三佛、五佛、七佛者，以供奉三佛居多。其背面常为海岛观音壁塑图。大殿两侧常供奉十六罗汉或十八罗汉。东西配殿位于大雄宝殿两侧，根据教派设供奉。

法堂，一般位于佛殿之后，是佛寺中仅次于佛殿的主要建筑，是宣讲佛法、皈戒集会的场所。

规模较大的寺院专门建有罗汉堂供奉五百罗汉。五百罗汉依次沿壁环绕，千姿百态，绝无雷同。

方丈室，即寺庙住持(方丈)居住、说法、待客之处。净土宗称华林丈室，禅宗称般若丈室。因其一丈见方，但容量无限，故名。

藏经楼，即藏置佛教经书之处。

2. **石窟**

石窟源于印度，原是佛祖释迦牟尼及其弟子坐禅苦修的石室，后发展成为供佛、礼拜的地方。中国的石窟开凿大约始于公元 3 世纪，公元 5 世纪至公元 8 世纪达到鼎盛，到宋以后开始衰退。中国是世界上佛教石窟文化最为发达的国家之一，石窟分布广、数量多、规模大。

石窟的建筑技术和艺术有一个逐渐提高的过程。在建造之初，其建筑技术与艺术都比较粗糙，石窟看起来相对简陋、狭小。随着凿窟之风日盛，各地都开始了大规模的开凿工程，凿窟技术和艺术也相应地有了很大的提高和进步。

欣赏石窟或者鉴别石窟的凿刻朝代，一般可从两个方面进行：一个是佛像；另一个是壁画。不同时期石窟中的佛像在造型上有很大区别，如北魏时期的佛像看起来比较清瘦、飘逸，而唐代石窟中的佛像则比较丰腴、高大。这和不同时期审美观的不同有一定的关系。

3. **佛塔**

佛塔起源于印度，公元1世纪前后随佛教传入中国，在发展过程中，其结构和形式逐渐融合了中国传统建筑的元素。我国的佛塔在类型上大致可分为楼阁式塔、密檐式塔、单层式塔、覆钵式塔、金刚宝座式塔等；按建筑材料则可分为木塔、砖石塔、琉璃塔等。塔一般由地宫、塔基、塔身、塔顶、塔刹组成。塔的层数一般为单数。

(二)寺院导游

1. **讲清寺院的基本格局**

寺院是佛教徒最基本、最主要的宗教活动场所，要讲清楚其中的建筑的功能、作用，就应首先讲清寺院的基本格局，使旅游者对佛教寺院有初步的了解。

2. **讲清寺院建筑的艺术特征**

佛教传入中国以来，在发展过程中不断地吸收儒学、道教等中国传统文化的内容，形成了独特的中国佛教文化。表现在建筑中，则必然体现出中国传统文化和佛教文化的双重特征。例如，以木结构为主要形式的寺院建筑，在满足宗教活动的同时，在艺术的表现上更有独到之处。导游员在寺院建筑的导游中，要突出其艺术特征，突出其独特之处。

3. **讲清寺院建筑的思想内涵**

寺院建筑是僧人与信众举行法事活动的场所，因此，必然带有浓重的宗教色彩，其建筑形式也必然会表现宗教信仰的主题。导游员在寺院建筑导游中，要讲明其思想内涵，使旅游者通过游览对佛教有一个基本的了解。

(三)石窟导游

石窟建筑的导游讲解对导游员的要求很高。导游员除了要具备一定的历史知识之外，还应有一定的艺术修养，同时也要掌握石窟建筑讲解的一些要领，主要包括三个方面的内容。

1. **石窟的开凿过程**

在石窟的游览中，旅游者在看到精美的石窟艺术和浩大的工程后，都会向导游员发问，这是怎么开凿的呢？这是一个导游员无法回避的问题，因此，导游员应了解石窟的开凿过程，并适时地予以介绍。

2. **石窟的艺术特征**

石窟艺术内涵丰富、精深，在讲解时容易出现散、乱、浅的情况。导游员的讲解要做到内容集中，层次清晰，条理分明，就需要把握其艺术特征，层层分析，从容不迫。具体讲，就是主要抓住以下几个要点：第一，表现手法；第二，雕刻技法；第三，结构布局；第四，重点内容。

3. **石窟的时代特征**

石窟和所有的古建筑一样，都表现出鲜明的时代特征，但由于石窟艺术的承载量远远高出一般的建筑，所以，石窟所体现的内容的时代性就更为丰富。导游员在石窟导游过程中，应注重对石窟艺术、开凿背景、表现内容等方面的讲解，要有意识地突出其时代特征。

案例：乐山大佛导游词示例

现在我们看到的就是举世闻名的千年古佛——乐山大佛。你看它，端坐山崖，头齐山顶，脚踏江岸，是何等的雄伟壮观！难怪人们说“山是一尊佛，佛是一座山”了。据测定，大佛通高71米，肩膀的宽度是24米，头宽10米，耳朵有7米长，嘴巴和眼睛的长度是3.3米，眉毛和鼻子的长度是5.6米，颈高3米，中指长8.3米，从膝盖到脚背是28米，脚的宽度是8.5米，头上的发髻有1021个。乐山大佛是世界上最大的一尊石刻弥勒佛，1982年，乐山大佛被国务院列为全国重点文物保护单位，1996年与峨眉山一起被联合国教科文组织列入《世界文化与自然遗产名录》。

乐山大佛始建于唐玄宗开元元年(713年)，竣工于唐德宗贞元十九年(803年)，大家可以计算一下，乐山大佛矗立于此已经1200多年了。

现在请大家看一看大佛两侧的岩石。这种岩石叫红砂岩，是一种质地疏松、容易风化的岩石，乐山大佛就是在这种岩石上雕刻而成的。那么大佛为什么能历经千年而“风雨不动安如山”呢？首先我们看一下大佛所处的位置。大佛位于凌云山西边的阴坡上，加之佛体周围林木稠密，地质结构稳定，佛身处于江弯地段，隐藏于山林之中，减少了风雨侵蚀和水流冲刷，因此岩石风化和水蚀较缓慢。不仅如此，乐山大佛还有非常巧妙的排水系统。在大佛背后，有左右相通的排水洞穴，可以避免山水对佛像的侵蚀；大佛头上发髻的第4层、第9层、第18层各有一条排水道，与佛体衣服褶皱连成排水渠道网，从而减少了雨水对佛体的侵蚀。可见，乐山大佛的设计是非常科学的。除此之外，大佛在竣工之后，还曾经修造了一个高13层的楼阁覆盖，可惜毁于明末的战乱。

二、道教建筑导游

(一)道教建筑的类型和构成

道教建筑是从古代中国传统的宫殿、神庙、祭坛建筑发展而来的，是道教徒祭神礼拜的场所，也是他们隐居、修炼之处所，规模不等，形制各异。传统的道教大型建筑一般由神殿、膳堂、宿舍和园林四部分组成，主要建筑沿南北中轴线坐落：前建影壁，然后是山门殿(供奉道教青龙神和白虎神)、幡杆、钟鼓楼、灵宫殿(内设道教护法神将王灵官)、玉皇殿、四御殿、三清殿，还有各自的祖师殿等。两侧有配殿、执事房、客堂、斋堂和道士住房等。帝王敕封的大宫观前还建有棂星门、华表、石狮等。

(二)道教建筑的特点

1. 从选址上体现崇尚自然、隐居修炼的思想。
2. 从布局上体现顺应自然、返璞归真的思想。
3. 从功能上体现道教的宗教哲学思想。
4. 从规模上体现严格的等级观念。

三、伊斯兰教清真寺导游

(一)伊斯兰教传入中国

伊斯兰教创建于公元7世纪的阿拉伯半岛，随着阿拉伯人的贸易和旅行传播到中国，但具体的年代众说不一。现普遍认为，唐高宗永徽二年(651年)伊斯兰教传入中国。伊斯兰教传入中国的线路有两条：一条是陆路，即从大食(今阿拉伯)出发，经波斯(今伊朗)，过我国新疆天山南北，穿过河西走廊进入中原；另一条是海路，即从大食(今阿拉伯)出发，经印度洋到天竺(今印度)，再经马六甲海峡传入我国东南沿海的广州和泉州等地。

(二)清真寺的建筑特点

1. 各地清真寺建筑风格和规模有所不同。
2. 一般由礼拜殿、宣礼塔、教长室和水房等建筑构成。
3. 礼拜殿为主体建筑，内设讲坛和指示麦加方向的壁窑。

四、基督教建筑导游

(一)基督教建筑的特点

1. 造型风格独特

(1)罗马式教堂

因模仿古罗马城墙、古堡等建筑形式，采用古罗马式的券、拱等而得名。其主要特征为教堂建筑空间宏大，在建筑结构上运用厚实的石墙、狭小的窗户、半圆形拱门、低矮的圆屋顶、逐层挑出的门框，上部饰以圆弧形拱环、交叉的拱顶结以及层叠相重的连拱柱廊等。

(2)哥特式教堂

哥特式教堂兴起于法国。为追求教堂的神秘氛围而突出表现光(增大窗户，扩大采光面)、高(建筑向高处延伸)、数(为达到前两项的要求，要改变各种比例)。

它以墩柱、薄围护墙和尖形肋骨交叉拱顶、飞扶壁、彩色镶嵌玻璃和高耸的尖塔为主要特征。

(3)拜占庭式教堂

拜占庭式教堂因东罗马帝国的首都拜占庭而得名，其主要特征是采用“集中式”和“希腊十字形平面式”布局，屋顶为穹隆形，由独立的支柱加帆拱构成。

2. **装饰艺术精湛**

基督教教堂的装饰也同样沿袭了西方建筑的装饰风格，表现出了与中国传统建筑装饰风格迥异的特点。这主要表现在以下几个方面：

(1)墙柱、门窗的装饰；

(2)教堂内部的装饰；

(3)塔楼的变化。

【任务实施】

实训任务	宗教景观导游服务准备
任务概述	情景：假设你是某旅行社的导游员，经常带团去某处寺庙，在导游过程中，总有旅游者问你这样那样的问题，于是你深入学习了与寺庙相关的佛教知识和古代建筑知识，并研究了这座寺庙的历史。那么，你从哪方面入手去了解才能把这座寺庙更全面、更合乎你意愿地介绍给旅游者呢
实训学时	建议 2 学时
实训地点	教室或导游实训室
实训条件	1. 校内实训室：教师、学生所需电脑、多媒体设备 2. 校外实习基地：学生能够跟团参与旅行社所安排的行程，进行全程观摩
实训流程与标准	1. 教师列出著名宗教景观的名称，要考虑宗教历史文化的全面性 2. 学生分组，6 人左右一组，每组选定小组长，由小组长分配学生分别扮演旅游景区讲解员、旅游者等角色 3. 小组抽签选择要讲解的宗教景观 4. 根据所抽到的内容查阅典型宗教景观的相关资料，熟悉导游图和游览路线 5. 根据宗教景观实际，科学设计游览线路，合理安排游览项目 6. 将所准备的成果运用 PPT 的形式展示给大家 7. 学生点评，分享有无，取长补短 8. 教师点评，补充纠错，提炼重点
实训考核建议	1. 考核内容：态度＋纪律＋展示＋发言 2. 考核方式：课堂展示＋小组熟悉景观情况 3. 考核主体：教师、学生

【自我学习】

理论测试题

1. 填空题

1.1　佛教建筑主要有(　　)、(　　)和(　　)三种。

1.2　传统的道教大型宫观一般由(　　)、(　　)、(　　)和(　　)四部分组成。

1.3　基督教建筑有(　　)、(　　)的特征。

自我学习答案

2. 简答题

2.1　寺院导游需要从哪几个角度进行讲解？

2.2　简述清真寺的建筑特点。

>> 任务 2　现场导游 <<

【任务描述】

每组需要能够针对不同旅游团的特点，采用灵活的讲解方法，选取最佳游览路线，独立完成宗教景观的讲解工作，在保证安全游览的同时，让旅游者最大限度地感受到宗教建筑的艺术性和宗教文化的丰富性。

【任务目标】

1. 知识目标：掌握宗教景观导游讲解要领。

2. 技能目标：能针对一处宗教景观进行导游词创作和导游讲解。

3. 素质目标：提高语言表达能力和沟通能力，培养自学、创作、创新能力。

【理论引导】

导游员在讲解过程中，应掌握以下要领。

1. 针对性——要了解不同宗教的文化历史知识

世界三大宗教——佛教、基督教、伊斯兰教，对当地的社会发展和生活有相当大的影响。导游员将面对来自世界各国的宗教信徒，须注意并尊重其宗教信仰。

2. 差异性——要区分不同宗教和同一宗教内部宗派的区别

不同的宗教，其产生的社会背景、文化背景不一样，其教义、教规、宗教活动也各具特色。就是同一宗教内不同的宗派，其表现形式也不尽相同。正确把握其中的差别，对于提高导游讲解的准确性、客观性帮助极大。

3. 禁忌性——要清楚不同宗教的习俗及禁忌

不同的宗教习俗差别甚大，禁忌各不相同。导游员只有了解不同宗教的习俗及禁忌，才能提供有针对性的讲解和服务，避免不必要的误会和矛盾。

4. 综合性——要知道不同宗教的民族性及其对社会生活的影响

宗教是文化的重要组成部分。不同的宗教具有鲜明的民族性，并对社会生活产生重大的影响。如佛教从两汉之际传入我国中原地区，历经千年，已渗透到中国社会的各个领域，并产生了广泛的影响。例如，语言是一种最普遍、最直接的文化因素，在日常生活中就有许多用语来源于佛教，比如世界、如实、平等、现行、刹那、相对、清规戒律等词语都来自佛教的语言。

5. 灵活性——要灵活运用比较手段进行讲解

把旅游途中所涉及的宗教景点及宗教知识，用准确、生动的语言讲解清楚，是对导游员的文化功底和讲解方法的更高要求。导游员须熟悉有关宗教知识，并灵活使用多种导游方法及技巧。

6. 原则性——要把握我国的宗教政策

我国宪法规定，宗教信仰自由是公民的一项基本权利，导游员要把握好国家的宗教政策，有理、有节、合法地做好导游服务。

【实例分析】

雷打不动的行程

洛阳导游员小王在接待一个佛教旅游团时，原定行程是上午参观白马寺，下午游览龙门石窟，他提前把行程告知旅游者。但是在前一天晚上，由于门票的原因，需要把行程调换一下，龙门石窟改在上午游览，下午去白马寺。他想这样简单的调换也不妨碍大局，就没有和旅游者打招呼。等到第二天上车后，他把行程调换的情况告诉旅游者，没想到一片哗然。旅游者提出必须按原行程游览，否则就罢游。小王顿时不知所措，赶紧向旅行社求援，最后想尽一切办法继续按原定行程游览，而小王也受到了旅游团的投诉。

案例分析

宗教旅游团的旅游目的十分明确，他们前往的旅游目的地是经过认真的选择后才决定下来的，在某个地方举行某种活动具有严格的计划性，不能轻易改变。他们很执着，只要能够达到目的，吃些苦受些累也心甘情愿。计划中的景点是必须保证的，不可以更换或调整，这一点与一般的旅游团队不同。

当然，在旅游目的得以实现、宗教习惯得到尊重之后，宗教旅游团的旅游者在其他方面普遍表现出其宽容的美德。无论是对当地的居民，或是提供相关服务的人员，还是对其他方面的要求并不苛刻，随遇而安；对服务人员态度和蔼，与人为善；对个别因客观条件而得不到满足的事情，能够理解；对导游员的某些失误也能给予原谅。

【任务实施】

实训任务	宗教景观导游讲解
任务概述	情景案例：地陪小张接受苏州文化国际旅行社的委派，负责接待浙江的团队，对苏州寒山寺进行导游讲解 任务：小张应该怎样对寒山寺进行讲解
实训学时	建议 4 学时
实训地点	教室或导游实训室
实训条件	1. 校内实训室：教师、学生所需电脑、多媒体设备，足够的情景展示空间，相应的情景展示道具等 2. 校外实习基地：学生能够跟团参与旅行社所安排的行程，进行全程观摩
实训流程与标准	一、实训准备 1. 教师列出著名宗教景观的名称 2. 学生分组，6 人左右一组，每组选定小组长，由小组长分配学生分别扮演旅游景区讲解员、旅游者等角色 3. 小组抽签选择要讲解的宗教景观 4. 教师讲解宗教景观导游词创作注意事项和导游讲解要领

续表

<table>
<tr><td>实训流程与标准</td><td>5. 学生分小组查阅相关宗教景观的背景或到旅游景观进行实地考察
6. 分小组撰写宗教景观的特色和分布，设计游览线路，安排游览项目
7. 分小组撰写宗教景观导游词，并提交实训指导教师
8. 实训指导教师对小组撰写的导游词提交修改建议，各小组进行反复修改
9. 小组导游词定稿后，制作导游讲解 PPT，并练习脱稿讲解
二、实训开始
1. 教师为学生进行宗教景观导游讲解示范和辅导
2. 学生分小组进行宗教景观模拟导游讲解
三、实训结束
1. 分组讨论实训的表现及效果，每组由 2～3 名代表对实训过程进行点评
2. 教师根据同学的评价情况、在实训中出现的问题以及需要注意的问题进行讲评并全面归纳总结
3. 撰写实训报告</td></tr>
<tr><td>实训考核建议</td><td>1. 考核内容：态度＋纪律＋展示＋发言
2. 考核方式：以下面评价表为准
3. 考核主体：教师、学生、企业兼职教师

宗教景观导游讲解训练评价表
组别：　　　　　　考核时间：　　　　　　考核教师：
<table>
<tr><th colspan="2">评价项目</th><th>配分</th><th>得分</th><th>备注</th></tr>
<tr><td rowspan="4">宗教景观导游词创作（共 40 分）</td><td>结构完整，富有逻辑性和层次感</td><td>10</td><td></td><td></td></tr>
<tr><td>旅游线路设计合理，内容丰富、正确无误</td><td>10</td><td></td><td></td></tr>
<tr><td>词语搭配恰当，修辞手法运用恰当、贴切</td><td>10</td><td></td><td></td></tr>
<tr><td>有一定特色和创新，符合自己的风格</td><td>10</td><td></td><td></td></tr>
<tr><td rowspan="5">宗教景观导游讲解（共 50 分）</td><td>讲解结构完整、自然流畅、内容准确、条理清楚</td><td>15</td><td></td><td></td></tr>
<tr><td>重点突出，运用一定的导游讲解技巧</td><td>15</td><td></td><td></td></tr>
<tr><td>表达准确清晰、生动流畅、富于感染力和说服力</td><td>10</td><td></td><td></td></tr>
<tr><td>音量适度，语调富于变化，语速适宜，停顿合理</td><td>5</td><td></td><td></td></tr>
<tr><td>目光分配合理；手势恰到好处</td><td>5</td><td></td><td></td></tr>
<tr><td rowspan="2">礼貌礼仪（共 10 分）</td><td>着装整洁、得体；发型和饰物佩戴符合要求</td><td>5</td><td></td><td></td></tr>
<tr><td>言谈举止文明稳重；情绪饱满；态度端正</td><td>5</td><td></td><td></td></tr>
<tr><td colspan="2">总分</td><td>100</td><td></td><td></td></tr>
</table>
</td></tr>
</table>

【自我学习】

1. 理论测试题(简答)

简述宗教景观导游讲解要领。

2. 实训操作题

编写一处当地宗教景观的导游词，并进行讲解练习。

要求：

(1)导游词字数不低于 1000；

(2)小组为单位相互讲解练习；

自我学习答案

(3)将练习讲解的过程拍摄成视频上交。

【项目小结】

任务名称	知识、技能、素质
准备工作	学习不同宗教的文化历史知识，针对某处典型的宗教景观，能够分析出它的特点、类型以及所具有的历史文化、艺术观赏、科学考察价值。提高记忆能力、团队合作能力、查阅资料及资料处理能力、归纳分析能力、语言表达能力、总结与汇报能力
现场导游	掌握宗教景观导游讲解要领，能运用宗教景观导游讲解技巧，能对宗教景观进行导游词创作，能对典型宗教景观进行导游讲解。提高学生语言表达能力和沟通能力，培养自学、创作、创新能力

模块三　导游员带团突发事件的预防及处理

【模块描述】

针对导游工作岗位标准，按照导游员带团过程中应对突发事件所需要的知识、技能、素质要求，设计了旅游者个别要求的处理、旅游安全事故处理和旅游技术性事故处理3个项目。

项目一　旅游者个别要求的处理

【项目描述】

通过学习导游员处理个别旅游者的用餐、购物、活动及中途退团或延长旅游时间的要求等相关知识，明确旅游者个别要求等的处理原则，形成在遇到旅游者提出个别要求时能够按章办事、妥善处理、灵活应变等职业技能，在妥善处理的过程中为旅游者提供满意的服务、留下良好的印象。

>> 任务1　用餐个别要求的处理 <<

【任务描述】

小组通过模拟旅游者提出用餐个别要求的案例情景，进行导游员、旅游者等角色扮演，在实训过程中，明确旅游者提出个别要求时的处理原则，学会处理方法，能够运用一定的处理技巧。

【任务目标】

1. 知识目标：能设计案例的主要情景内容，并根据主要内容进行角色分配、角色扮演，能够背会角色台词；能分析案例中导游员的处理方法是否合理。

2. 技能目标：学会导游员处理旅游者个别要求的方法、技巧，明确处理原则。能够在妥善处理的同时，具备为旅游者提供优质服务的能力。

3. 素质目标：记忆能力；表演能力；团队合作能力；查阅资料及资料处理能力；归纳分析能力；语言表达能力；总结与汇报能力；独立思考能力。

【理论引导】

旅游者的个别要求是指旅游团到达旅游目的地后，在旅游过程中，个别旅游者因特殊需要临时提出的要求。旅游者的个别要求是多种多样的，在时间上也具有随机性，导游员在做好满足旅游者共同需要的同时，如何处理好这些个别要求，不仅是对导游员处理问题能力的一种考验，也是对导游员服务质量的一种检验。因此，导游员对旅游者提出的个别要求都应给予足够的重视，并及时、合情合理地给予处理，使得到满足的旅游者高高兴兴，没有得到满足的旅游者也对导游员的努力表示理解而无可非议。为此，导游员在处理旅游者个别要求时，须始终保持头脑清醒，不仅要注意处理的方式、方法和技巧，而且要遵循一些必要的原则，即尽可能满足需求原则，认真倾听、耐心解释的原则和尊重旅游者、不卑不亢的原则。确保做到处置有度，方法恰当。

餐饮方面个别要求及其处理方法有：

1. 由于宗教信仰、生活习惯、身体状况等原因，有些旅游者会提出饮食方面的特殊要求，如不吃荤，不吃油腻、辛辣食品，不吃猪肉或其他肉食，甚至不吃盐、糖等。若所提要求在旅游协议书中有明文规定的，接待方旅行社须早做安排，地陪在接待前应检查落实情况而定。一般情况下，地陪可与餐厅联系，在可能的情况下尽量满足；如确有困难，地陪可协助其自行解决。

2. 如旅游者因饭菜不合口味等情况提出换餐，旅游团应在用餐前3小时提出换餐要求，地陪应尽量与餐厅联系，按有关规定办理；如接近用餐时旅游者才提出换餐，一般不应接受要求，但导游员要耐心做好解释工作；若旅游者仍坚持换餐，导游员可建议他们自己点菜，费用自理。旅游者用餐时要求加菜、加饮料的要求可以满足，但费用自理。

3. 由于旅游团的内部矛盾或其他原因，个别旅游者要求单独用餐，此时导游员要耐心解释，并告诉领队请其调解；如旅游者坚持，导游员可协助其与餐厅联系，但餐费自理，并告知综合服务费不退。

【实例分析】

旅游者提出用餐个别要求的处理

全陪小吕和美国旅游团相处了半个月，大家玩得很开心。汤姆是团里一个爱说爱笑的年轻人。在西安吃最后一顿晚餐时，他突然对小吕提出想吃西餐的要求。小吕回想全团在中国已经将近一个星期，北京尝烤鸭，西安吃面食，还真的没有吃上一顿西餐。明天就要到上海了，计划上安排的还是中国风味餐，小吕应该怎么做呢？

案例解析

民以食为天，一方水土养一方人，入境旅游者在旅游过程中常食中餐不习惯，要求换西餐，是可以理解的。对此情况，导游员应尽量与餐厅联系，但需事先向旅游者讲清，如能换妥，差价由其自付。如果该餐厅不具备供应西餐的能力，地陪可劝旅游者换餐厅，费用自理。

【任务实施】

实训任务	针对旅游者用餐个别要求的情景案例进行角色扮演并讨论分析
任务概述	“民以食为天”，旅游者来自五湖四海，对餐饮的要求各不相同，因餐饮问题引起的旅游者投诉屡见不鲜。旅游者提出的用餐个别要求一般包括由于宗教信仰、生活习惯、身体状况等原因提出的特殊饮食需求，或者要求换餐、单独用餐、在客房内用餐，要求自费品尝风味餐以及要求推迟就餐时间等 情景案例：小张所带的旅游团成员为外国游客，由于吃不惯中餐，在几顿中餐后要求改换成西餐。小张应该怎么做 由学生扮演小张和旅游团成员，设计情景内容、进行情景演练

续表

实训学时	建议4学时
实训地点	教室或导游实训室
实训条件	1. 校内实训室：教师、学生所需电脑、多媒体设备，足够的情景展示空间，相应的情景展示道具等 2. 校外实习基地：学生能够跟团参与旅行社所安排的行程，进行全程观摩
实训流程与标准	1. 分配学习小组，教师给出案例，明确小组任务 2. 学习小组赴旅行社，作为实习导游，跟团观摩并学习专业导游人员如何带团和安排行程活动及处理旅游者的问题 3. 学习小组课前选择与熟悉情景案例，分配角色、进行角色扮演并彩排 4. 各学习小组课堂进行情景展示，全班同学针对各小组的情景内容进行分析讨论、小组代表发言、各小组针对不同意见进行讨论 5. 教师对各小组的情景展示和讨论发言结果进行考核评价，小组之间进行互评 6. 教师布置课后任务，学生以小组为单位完成并提交
实训考核建议	1. 考核内容：态度＋纪律＋展示＋发言 2. 考核方式：课堂情景展示＋小组代表发言 3. 考核主体：教师、学生、企业兼职教师

【自我学习】

1. 理论测试题(单选)

1.1　旅游者自费品尝风味餐，邀请导游员参加，导游员不适宜的做法是(　　)。

A. 为旅游者致祝酒词并主动布菜　　B. 不要反客为主

C. 向旅游者介绍风味名菜　　D. 向旅游者介绍菜品的吃法

1.2　旅游团若要向地陪提出换餐要求，可在用餐前(　　)提出。

A. 半小时　　B. 1小时　　C. 2小时　　D. 3小时

自我学习答案

1.3　旅游者的要求中，如果导游员不予满足就会构成违约的是(　　)。

A. 旅游合同中旅游者已声明的饮食禁忌

B. 旅游者在餐前3小时提出换餐

C. 旅游者提出自费换住更高档次的房间

D. 旅游者在餐前提出不吃某种食物

1.4　对于旅游者在旅游过程中提出的特殊饮食要求，导游员做法正确的有(　　)。

A. 已订妥的风味餐，旅游者在临近用餐时不想去，导游员表示无所谓，立即退餐

B. 地陪应告知旅游者，客房只为生病客人提供送餐服务，一般客人不享受此项服务

C. 旅游者提出晚些用餐，地陪应告知不能超过用餐时间，否则将自动取消用餐，餐费不退

D. 旅游者坚持自己单独用餐，导游员可协助其与餐厅联系，告知餐费自理，原餐费不退

2. 实训操作题

案例：某旅游团抵达餐厅用第一餐时，导游员小王按照协议规定给客人上菜，为八菜一汤。这时，有两个旅游者提出，他们是佛教徒，从不吃肉，要求小王为其另外安排，并说早在报名参加时就提出这项要求。小王连忙拿出接待计划书查看，发现上面有关于这个要求的备注，但自己当时没注意到。

分析：针对上述情况小王应该如何处理？

实训要求：

(1)学习小组模拟情景，分派角色；

(2)导游员按照程序进行处理；

(3)学习小组录制情景案例及处理过程视频，并撰写处理报告。

>> 任务 2　购物个别要求的处理 <<

【任务描述】

小组通过模拟旅游者提出购物个别要求的案例情景，进行导游员、旅游者等角色扮演，在实训过程中，明确旅游者提出个别要求时的处理原则、学会处理方法，能够运用一定的处理技巧。

【任务目标】

1. 知识目标：能设计案例的主要情景内容，并根据主要内容进行角色分配、角色扮演，能够背会角色台词；能分析案例中导游员的处理方法是否合理。

2. 技能目标：学会导游员处理旅游者个别要求的方法、技巧，明确处理原则。能够在妥善处理的同时，具备为旅游者提供优质服务的能力。

3. 素质目标：记忆能力；表演能力；团队合作能力；查阅资料及资料处理能力；归纳分析能力；语言表达能力；总结与汇报能力；独立思考能力。

【理论引导】

如果旅游者要求单独外出购物，若时间允许，导游员应予以协助，当好购物参谋，例如建议其去哪家商场购物，为其安排出租车等。假如是外国游客，可为其写好中文便条带上，便条上应写明商店名称、地址和下榻饭店名称等。

如果旅游者在该团快离开当地之时提出单独外出购物，导游人员要进行劝阻，以免发生误机(车、船)事故。若旅游者不听，导游员应当陈述利害关系，讲明一旦出现问题后果自负。

如果旅游者购物后发现所购物品是残次品、计价有误或对物品不满意，要求导游员帮其退换，导游员应积极协助，必要时陪同前往，设法帮助解决。如旅游者在某家商店看中某一(贵重)商品，当时犹豫不决，回饭店后下决心购买，要求导游人员协助，一般情况下，只要时间允许，导游员可陪同前往。

如旅游者希望购买古玩或仿古艺术品，导游员应带其到文物商店购买，买妥物品后要提醒其保存好发票，不要将物品上的火漆印去掉，以便海关检查。若旅游者购买大件物品后要求导游员帮忙托运，导游员可协助旅游者办理托运手续。如旅游者欲购买某一商品，但当时无货，请导游员代为购买并托运，对旅游者的这类要求，导游员一般应婉拒，实在推托不掉时，导游员应请示领导，在领导的指示下认真办理委托事宜。

【实例分析】

旅游者提出购物个别要求的处理

台北某旅游团一行16人参观鄂尔多斯羊绒博物馆后，乘车返回饭店。途中，欧阳先生对导游员巴特说："我刚才在购物店看中一款羊绒衫，但是当时没拿定主意，现在决定购买，你能让司机送我回去吗?"巴特欣然应允，并立即让司机掉头返回羊绒博物馆。到达博物馆购物商店后，欧阳先生看中的那款羊绒衫当下没有合适的尺码，于是他决定不买。

第二天下午，旅游行程结束，巴特将旅游团一行人送至机场。在机场，欧阳先生对巴特说："我还是很喜欢那款羊绒衫，可否拜托你帮我订购一件同样款式的羊绒衫?"并留下3000元作为购买和邮寄费用。巴特欣然应允，欧阳先生十分感激。

行程结束后，巴特返回购物店，经询问，当时欧阳先生需要的尺码的羊绒衫已经到货。巴特立即买下，将羊绒衫及发票、邮寄费收据寄给欧阳先生，并将余款通过银行转账至欧阳先生账户。

分析

1. 导游员处理旅游者个别要求的原则有哪些?

2. 该案例中导游员巴特在处理旅游者购物个别要求时有哪些不合理之处?

案例解析

1. 旅游者的个别要求大致可以分为三种：一种是合理的、经过导游员努力可以满足的要求；一种是具有合理性但难以满足的要求；一种是不合理的要求。导游员应分别按不同的原则进行处理。具体原则有：符合法律原则；合理可行原则；公平对待原则；尊重旅游者原则；维护尊严原则；认真倾听、耐心解释原则。

2. 在此案例中，导游员在处理欧阳先生的两个要求时的做法都不妥。

(1)不应该让司机立即返回羊绒博物馆，正确的做法是：先征求其他旅游者的意见，若大家同意，可返回；若大家不同意，可先回饭店，安排好其他旅游者后，再陪同欧阳先生前往羊绒博物馆的购物商店。

(2)不应欣然应允代购羊绒衫的要求，正确的做法是：婉拒欧阳先生代购羊绒衫的要求；推托不了时，应请示领导，如领导同意，可接受委托并收钱；购妥、托运后，将发票、邮寄单、邮寄费收据及余款寄给欧阳先生，将各种单据的复印件交旅行社保管。

【任务实施】

实训任务	针对旅游者购物个别要求的情景案例进行角色扮演并讨论分析
任务概述	情景案例：某旅游团的一位重点客人很想购买一件文物的复制品，但直到出境前仍未购买。经商议，他给导游员小李留下款项，请小李代为购买，小李应如何正确处理 由学生扮演小李和客人，设计情景内容、进行情景演练
实训学时	建议 4 学时
实训地点	教室或导游实训室
实训条件	1. 校内实训室：教师、学生所需电脑、多媒体设备，足够的情景展示空间，相应的情景展示道具等 2. 校外实习基地：学生能够跟团参与旅行社所安排的行程，进行全程观摩
实训流程与标准	1. 分配学习小组，教师给出案例，明确小组任务 2. 学习小组赴旅行社，作为实习导游，跟团观摩并学习专业导游人员如何带团和安排行程活动及处理旅游者的问题 3. 学习小组课前选择与熟悉情景案例，分配角色、进行角色扮演并彩排 4. 各学习小组课堂进行情景展示，全班同学针对各小组的情景内容进行分析讨论，小组代表发言，各小组针对不同意见进行讨论 5. 教师对各小组的情景展示和讨论发言结果进行考核评价，小组之间进行互评 6. 教师布置课后任务，学生以小组为单位完成并提交
实训考核建议	1. 考核内容：态度＋纪律＋展示＋发言 2. 考核方式：课堂情景展示＋小组代表发言 3. 考核主体：教师、学生、企业兼职教师

【自我学习】

自我学习答案

1. 理论测试题(单选)

1.1　如果旅游者要求地陪代购商品并帮助托运，地陪一般应(　　)。

A. 积极配合　　B. 予以婉拒　　C. 履行承诺　　D. 坚决推辞

1.2　旅游者购物后发现所购物品是残次品、计价有误或对物品不满意，要求导游员帮助其退换，导游员应(　　)。

A. 让他自己去换　　B. 帮旅游者联系，请司机陪同前往

C. 告诉旅游者，离店商品不能退换　　D. 积极协助，必要时陪同前往

1.3　对于旅游者提出的各种特殊要求，导游员在处理时需要遵循的基本原则不包括(　　)。

A. 认真倾听、耐心解释　　B. 合理而可能

C. 尊重旅游者，不卑不亢　　D. 盈利原则

1.4　旅游团即将离开本地时，旅游者提出外出购物，导游员应(　　)。

A. 尽量劝阻　　B. 予以帮助

C. 当好参谋　　D. 让旅游者自己决定

2. 实训操作题

案例：某旅游团抵达景点后，一位旅游者要求导游员小王带领他去购物点购物，不再进行下一个景点的活动，要求小王为其另外安排个购物点，并说早在报名参团时

就提出了这项要求。小王连忙拿出接待计划书查看，发现接待计划并没有记录此项要求。

分析：针对上述情况小王应该如何处理？

实训要求：

(1)学习小组模拟情景，分派角色；

(2)导游员按照程序进行处理；

(3)学习小组录制情景案例及处理过程视频，并撰写处理报告。

>> 任务3　自由活动个别要求的处理 <<

【任务描述】

小组通过模拟旅游者提出自由活动个别要求的情景，进行导游员、旅游者等角色扮演，在实训过程中，明确旅游者提出个别要求时的处理原则，学会处理方法，能够运用一定的处理技巧。

【任务目标】

1. 知识目标：能设计案例的主要情景内容，并根据主要内容进行角色分配、角色扮演，能够背会角色台词；能分析案例中导游员的处理方法是否合理。

2. 技能目标：学会导游员处理旅游者个别要求的方法、技巧，明确处理原则。能够在妥善处理的同时，具备能为旅游者提供优质服务的能力。

3. 素质目标：记忆能力；表演能力；团队合作能力；查阅资料及资料处理能力；归纳分析能力；语言表达能力；总结与汇报能力；独立思考能力。

【理论引导】

旅游者提出自由活动个别要求时，一般情况下导游员应予以满足，但部分特殊情况下，导游员应劝阻旅游者进行自由活动。

一、允许旅游者自由活动的情况

(一)要求全天或某一景点不随团活动

旅游团中有的旅游者已多次游览过某一景点，因而希望不随团活动，如果其要求不影响整个旅游活动，可以满足并提供必要的协助。

(二)到游览点后要求自由活动

到某一游览点后，若个别旅游者希望不按规定的线路游览而希望自由游览或摄影，导游员要视具体情况处理。

1. 若环境许可，即游览点的游客不太多、秩序不乱时，可满足其要求。导游员要提醒其集合的时间和地点及旅游车的车号。

2. 如景点线路复杂，游客较多、较乱，导游员应劝其随团游览，以免走失，若旅游者一味坚持，应告知后果自负。

（三）晚间旅游者要求自由活动

晚上如无活动安排，旅游者要求自由活动，导游员应提醒旅游者带上饭店卡片，不要走得太远，不要去秩序乱较的场所，不要太晚回饭店，不要携带贵重物品等。若乘车回饭店，最好乘出租车，并告知旅游者当地出租车的计费方法。

二、应劝阻旅游者自由活动的情况

1. 当旅游团计划去另一地游览，或旅游团即将离开当地时，若有旅游者要求留在当地活动，由于牵涉面太大，为不影响旅游团活动计划的顺利进行，导游员要劝其随团活动。

2. 如地方治安不理想，导游员要劝阻旅游者外出活动，更不要单独活动，但必须实事求是地说明情况。

3. 劝阻旅游者去复杂、混乱的地方自由活动。

4. 不宜让旅游者单独骑自行车到人生地不熟、车水马龙的街头游玩。

5. 游河湖时，对于旅游者提出的希望划小船或在非游泳区游泳等要求，导游员不能答应，不能置旅游团于不顾而陪少数人去划船、游泳。

6. 对于旅游者要求去不对外开放的地区、机构参观游览这类要求，导游员不得答应。

【实例分析】

旅游者提出自由活动个别要求的处理

2019 年暑假，导游员小李作为全陪带 20 人的旅游团赴江西庐山、南昌游览。在开往南昌的列车上，一位团友对小李说，他有一位亲戚在南昌，有东西要带给那位亲戚，想利用游南昌的时间去探视亲戚。考虑到行程安排是先到庐山，再回南昌，最后在南昌坐火车返回，小李便同意了。旅游团游览了庐山回到南昌后，那位团友就离团去亲戚家了。在那位团友离开前，小徐向他要了亲戚的电话号码，并与其约定了在南昌火车站会合的具体地点和时间等。在返回的时候，那位团友准时在约定地点等待，顺利地与全团游客接上头，一起登上了返程的列车。

思考：当旅游者在旅途中提出要探亲访友，导游员可以满足这类要求吗？

案例解析

此案例主要涉及旅游者要求自由活动的问题。原则上，导游员应本着“合理而可能”的原则以及“服务至上”的宗旨来对待旅游者的这种要求。导游员应事先询问旅游者要求自由活动的原因，弄清是否会影响整个旅游计划。如果旅游者要求自由活动的理由不正当，或者将影响到全团的旅游计划，或者所去的地方在安全方面无法予以保障，或者要去的地方还没有对外开放，那么导游员应予以婉拒，并实事求是地说明情况。反之，导游员应准许其成行。成行前还应交代其一些注意事项，如安全问题等，同时约定集合的时间、地点，留下联系的电话号码等。总之，要保证旅游者如期归队。

【任务实施】

实训任务	针对旅游者提出自由活动个别要求的情景案例进行角色扮演并讨论分析
任务概述	情景案例：某旅游团两位旅游者向导游员小郭提出晚上自由活动的要求，当晚旅游团无行程安排 由学生扮演小郭和旅游者，设计情景内容、进行情景演练
实训学时	建议4学时
实训地点	教室或导游实训室
实训条件	1. 校内实训室：教师、学生所需电脑、多媒体设备，足够的情景展示空间，相应的情景展示道具等 2. 校外实习基地：学生能够跟团参与旅行社所安排的行程，进行全程观摩
实训流程与标准	1. 分配学习小组，教师给出案例，明确小组任务 2. 学习小组赴旅行社，作为实习导游，跟团观摩并学习专业导游人员如何带团和安排行程活动及处理旅游者的问题 3. 学习小组课前选择与熟悉情景案例，分配角色，进行角色扮演并彩排 4. 各学习小组课堂进行情景展示，全班同学针对各小组的情景内容进行分析讨论，小组代表发言，各小组针对不同意见进行讨论 5. 教师对各小组的情景展示和讨论发言结果进行考核评价，小组之间进行互评 6. 教师布置课后任务，学生以小组为单位完成并提交
实训考核建议	1. 考核内容：态度＋纪律＋展示＋发言 2. 考核方式：课堂情景展示＋小组代表发言 3. 考核主体：教师、学生、企业兼职教师

【自我学习】

1. 理论测试题(单选)

1.1 下列旅游者要求的自由活动行为中，导游员应予以劝阻的是(　　)。

A. 旅游者要求自行参观博物馆　　B. 旅游者要求自行游览景点

C. 旅游者要求离站前去购物　　C. 旅游者要求独自拜访名人故居

自我学习答案

1.2 当旅游者提出要去不健康的娱乐场所时，导游员应该(　　)。

A. 听之任之　　B. 给予协助　　C. 断然拒绝　　D. 婉言拒绝

1.3 旅游者要求自由活动时，导游员应视情况分别对待。(　　)不属于需劝阻的自由活动情况。

A. 当地治安不理想

B. 旅游团计划去另一地游览或即将离开本地时

C. 旅游者已多次游览过计划内的景点

D. 旅游者要去不对外开放的地区游览

1.4 同一团队的旅游者对于文娱活动各有爱好，不应强求统一。旅游者提出种种要求，导游员应本着(　　)原则，视具体情况妥善处理。

A. 服务至上　　B. 宾客至上　　C. 不卑不亢　　D. 合理而可能

1.5　旅游团中某位成员希望其在当地的亲友随团活动，导游员首先应(　　)。

A. 婉言拒绝　　B. 表示赞同

C. 征得领队和其他团员同意　　D. 向旅行社汇报

2. 实训操作题

案例：导游员小王接待入境团时，一位外国游客在当天旅游活动结束时请求导游小王协助其联系会见亲友，导游员小王对他提出的要求应如何处理？

实训要求：

(1)学习小组模拟情景，分派角色；

(2)导游员按照程序进行处理；

(3)学习小组录制情景案例及处理过程视频，并撰写处理报告。

>> 任务4　中途退团或延长旅游时间要求的处理 <<

【任务描述】

小组通过模拟旅游者提出中途退团或延长旅游时间要求的情景，进行导游员、旅游者等角色扮演，在实训过程中，明确旅游者提出个别要求时的处理原则，学会处理方法，能够运用一定的处理技巧。

【任务目标】

1. 知识目标：能设计案例的主要情景内容，并根据主要内容进行角色分配、角色扮演，能够背会角色台词；能分析案例中导游员的处理方法是否合理。

2. 技能目标：学会导游员处理旅游者中途退团或延长旅游时间个别要求的方法、技巧，明确处理原则。能够在妥善处理的同时，具备为旅游者提供优质服务的能力。

3. 素质目标：记忆能力；表演能力；团队合作能力；查阅资料及资料处理能力；归纳分析能力；语言表达能力；总结与汇报能力；独立思考能力。

【理论引导】

一、中途退团要求的处理

1. 有特殊原因提前离开旅游团的。旅游者如有患病、家中出事、工作上急需或其他特殊原因，要求提前离开旅游团、中止旅游活动，经接待方旅行社与组团社协商后，应予以满足，至于未享受的综合服务费，按旅游协议书规定，或部分退还，或不予退还。

2. 无特殊原因执意退团的。旅游者无特殊原因，只是某个要求得不到满足而提出提前离团，导游员要配合领队做好说服工作，劝其继续随团旅游；若接待方旅行社确有责任，应设法弥补；若旅游者提出的是无理要求，要耐心解释；若劝说无效，旅游者仍执意要求退团，可满足其要求，但应告知其未享受的综合服务费不予退还。外国旅游者不管何种原因要求提前离开中国，导游员都要在领导指示下协助旅游者进行重订航班、机座，办理分离签证及其他离团手续，所需费用旅游者自理。

二、延长旅游期限要求的处理

旅游者要求延长旅游期限一般有两种情况。

1. 由于某种原因中途退团，但本人继续在当地逗留。对无论何种原因中途退团并要求延长在当地旅游期限的旅游者，导游员应帮其办理相关手续。对那些因伤病住院不得不退团并需延长在当地居留时间者，除了办理相关手续外，还应前往医院探视，并帮助解决患者或其陪伴家属在生活上的困难。

2. 游览结束后不随团离开或出境。旅游团的游览活动结束后，由于某种原因，旅游者不随团离开或出境，要求延长逗留期限，地陪应酌情处理。若不需办理延长签证，一般可满足其要求；如旅游者无特殊原因要求延长签证，原则上应予婉拒；若确有特殊原因需要留下，但需办理签证延期的，地陪应请示旅行社领导，向其提供必要的帮助。

【实例分析】

旅游者提出中途退团要求的处理

某旅行社导游员小孟接待一个来自美国洛杉矶的旅游团，该团原计划 10 月 11 日飞抵 H 市。10 月 10 日晚餐后回到房间不久，领队陪着一位女士找到小孟说："杰西卡小姐刚刚接到家里电话，她的母亲病危，需要立即赶回洛杉矶医院。"杰西卡小姐非常着急，请求小孟帮助。小孟应当如何妥善处理？

案例解析

1. 表示理解，安慰杰西卡小姐。

2. 立即报告接待方旅行社，由其与国外组团社联系、协调，满足杰西卡小姐的需求。

3. 协助杰西卡小姐办理分离签证，重订航班、机座及其他离团手续，所需费用由其自理。

4. 杰西卡小姐因提前离团未享受的综合服务费由中外旅行社结算，按旅游协议书规定或国际惯例退还。

5. 通知旅行社内勤有关变更事项。

【任务实施】

实训任务	针对旅游者因特殊原因需延长旅游时间的情景案例进行角色扮演并讨论分析
任务概述	情景案例：小王所带的旅游团成员为美国游客，9 月 27 日旅游行程将全部结束，游客将乘飞机返回美国旧金山。9 月 26 日，怀特先生突发阑尾炎住院，需要立即手术，术后需要住院恢复。针对此情况应该如何处理 由学生扮演小王和旅游团成员，设计情景内容，进行情景演练

续表

实训学时	建议4学时
实训地点	教室或导游实训室
实训条件	1. 校内实训室：教师、学生所需电脑、多媒体设备，足够的情景展示空间，相应的情景展示道具等 2. 校外实习基地：学生能够跟团参与旅行社所安排的行程，进行全程观摩
实训流程与标准	1. 分配学习小组，教师给出案例，明确小组任务 2. 学习小组赴旅行社，作为实习导游，跟团观摩并学习专业导游人员如何带团和安排行程活动及处理旅游者问题 3. 学习小组课前选择与熟悉情景案例，分配角色，进行角色扮演并彩排 4. 各学习小组课堂进行情景展示，全班同学针对各小组的情景内容进行分析讨论，小组代表发言，各小组针对不同意见进行讨论 5. 教师对各小组的情景展示和讨论发言结果进行考核评价，小组之间进行互评 6. 教师布置课后任务，学生以小组为单位完成并提交
实训考核建议	1. 考核内容：态度＋纪律＋展示＋发言 2. 考核方式：课堂情景展示＋小组代表发言 3. 考核主体：教师、学生、企业兼职教师

【自我学习】

自我学习答案

1. 理论测试题(单选)

1.1 旅游团离境后，留下的旅游者若继续要旅行社为其提供服务，则(　　)。

A. 原合同继续生效　　B. 应另签合同

C. 不需要合同　　D. 可用原合同，也可新签合同

1.2 游客小张提出将离开时乘坐的火车改为飞机，这种要求在非特殊情况下，导游员应(　　)。

A. 一般都不能答应　　B. 可以答应

C. 向接待社汇报　　D. 严厉拒绝

1.3 若遇到旅游者提出无理的中途退团要求，导游员应耐心解释，旅游者若坚持己见，应当(　　)。

A. 请领队处理

B. 报告旅行社，请旅行社处理

C. 不予答应

D. 可满足其要求，但告知未享受的综合服务费不予退还

1.4 在旅游过程中，旅游者提出变更接待计划或活动日程的要求时，导游员原则上应(　　)。

A. 同意旅游者要求　B. 拒绝旅游者要求　C. 按合同执行　D. 不按合同执行

2. 实训操作题

2.1 案例：某旅游团旅游行程活动中，旅游者提出变更活动日程，因家中有事，要求提前离开团队并且要求退费。

分析：针对上述情况，导游员小王应该如何处理？

2.2　如旅游者提出要在房间内单独用餐，导游员应如何处理？

实训要求：

(1)学习小组模拟旅游者要求在房间内单独用餐场景，分派角色；

(2)导游员按照程序进行处理；

(3)学习小组录制情景案例及处理过程视频，并撰写处理报告。

【项目小结】

任务名称	知识、技能、素质
用餐个别要求的处理	个别要求的处理原则；用餐个别要求的处理方式；语言表达能力；沟通技巧；团队协作
购物个别要求的处理	个别要求的处理原则；购物个别要求的处理方式；语言表达能力；沟通技巧；团队协作
自由活动个别要求的处理	个别要求的处理原则；自由活动要求的处理方式；语言表达能力；沟通技巧；团队协作
中途退团或延长旅游时间要求的处理	个别要求的处理原则；中途退团或延长旅游时间要求的处理程序；语言表达能力；沟通技巧；团队协作

项目二　旅游安全事故处理

【项目描述】

通过学习旅游者丢失证件与财物的处理，旅游者走失的处理，旅游者患病、死亡的处理，交通事故的处理，治安事故的处理，火灾事故的处理，食物中毒的处理等相关知识，形成应急事件处理职业能力，能够做好各类安全事故的预防和处理工作。

>> 任务1　丢失证件与财物的处理 <<

【任务描述】

学会妥善处理旅游过程中旅游者丢失证件与财物事件，以及采取各种措施预防此类问题的发生，保证旅游者顺利完成旅游活动，培养导游员的工作责任心。

【任务目标】

1. 知识目标：掌握预防旅游者丢失证件与财物的具体措施。
2. 技能目标：熟练处理旅游者丢失证件与财物的各类事件。
3. 素质目标：查阅资料及资料处理能力；文字编写的能力；总结与汇报能力。

【理论知识】

实例分析

在旅游活动期间，容易发生旅游者不慎丢失证件、财物等事件，这不仅给旅游者造成诸多不便和经济损失，也给导游员的工作带来不便和困难。导游员应关注这方面的安全情况，采取各种措施预防此类问题的发生。

一、旅游者丢失证件、财物的预防

1. 多做提醒工作。参观游览时，导游员要提醒旅游者带好随身物品；在热闹、拥挤的场所，导游员要提醒旅游者保管好自己的钱包和贵重物品；离开饭店时，导游员要提醒旅游者带好随身行李物品，检查是否带齐了旅行证件；下车时提醒旅游者不要将贵重物品留在车上。

2. 导游员在工作中需要旅游者证件时，要由领队收取，用毕立即如数归还，不要代为保管；还要提醒旅游者保管好自己的证件。

3. 切实做好每次行李的清点、交接工作。

4. 每次旅游者下车后，导游员都要提醒司机清车、关窗并锁好车门。

二、旅游者丢失证件事件的处理

旅游者丢失证件时，导游员应先请其冷静回忆，详细了解丢失情况，尽量协助寻找。如确已丢失，应马上报告组团社或地接社，根据组团社或地接社的安排，协助旅游者向有关部门报失，补办必要的手续，所需费用由旅游者自理。

(一)丢失外国护照和签证的处理

1. 由旅行社出具证明。

2. 请失主准备照片。

3. 失主本人持证明去当地公安局出入境管理处报失，由公安局出具证明。

4. 持公安局的证明去所在国驻华使领馆申请补办新护照。

5. 领到新护照后，再去公安局办理签证手续。

实例分析

(二)丢失团体签证事件的处理

1. 帮助寻找，确认丢失后由旅行社开具团体签证遗失证明。

2. 备齐相关材料。

(1)原团体签证的复印件(副本)；

(2)按原团体签证格式重新打印的旅游团名单；

(3)全团旅游者的护照。

3. 持上述证明和材料到公安局出入境管理处报失，填写申请表(可由一名旅游者填写，其他成员附名单)，申领新的团体签证。

知识链接

(三)丢失中国护照和签证的处理

1. 华侨丢失护照和签证。

(1)失主准备照片。

(2)当地接待社开具遗失证明。

(3)失主持遗失证明、本人照片到省、自治区、直辖市公安局(厅)或授权的公安机关报失并申请办理新护照。

(4)持新护照去其侨居国驻华使领馆办理入境签证手续。

2. 中国公民出境旅游时丢失护照和签证。

(1)请地陪协助在旅行社开具遗失证明，再持遗失证明到当地警察机关报案，取得警察机关开具的报案证明。

(2)持当地警察机关的报案证明和遗失者照片及有关护照资料到我国驻该国使领馆办理新护照。

(3)新护照领到后，携带必备的材料和证明到所在国移民局办理新签证。

(四)丢失港澳居民往来通行证的处理

失主持当地接待社的遗失证明向遗失地的市、县公安部门报失，经查实后由公安机关的出入境管理部门签发一次性有效的中华人民共和国出入境通行证。

(五)丢失台湾居民旅行证明的处理

失主向遗失地的中国旅行社或户口管理部门或侨办报失，核实后发给一次性有效的出入境通行证。

(六)丢失中华人民共和国居民身份证的处理

由当地接待社核实后开具证明，失主持证明到当地公安机关报失，经核实后开具身份证明。

三、旅游者丢失财物事件的处理

旅游者的财物遗失或被盗，导游员要设法寻找，确认找不到后予以正确处理。

(一)帮助寻找

1. 稳定失主情绪，尽可能详细地了解物品丢失经过，丢失物品的特征及可能丢失物品的时间和地点。

2. 仔细分析物品丢失的原因，迅速判断财物是遗失还是被盗。

(二)迅速报案

1. 一经确定财物遗失或被盗，立即向公安机关、必要时向保险公司报案。

2. 及时报告旅行社，听取指示并开具遗失证明。

(三)开具必要证明

1. 丢失的如果是贵重物品，失主应持报失证明、本人护照或其他有效身份证件到当地公安局出入境管理处填写《失物经过证明》，列出失物清单；丢失的如果是入境时向海关申报的物品，失主应出示《中国海关行李申报单》。

2. 如果入境旅游者丢失行李申报单，要在公安局申请办理《中国海关行李申报单报失证明》。

目前，旅游者丢失贵重物品，一般到当地派出所挂失，并开具相关证明。

公安机关开具的上述证明，可供失主离境时由海关查验或回国后向保险公司索赔。

(四)报失

遗失旅行支票、信用卡等票证，失主应同时向公安局和相关银行报失。

【任务实施】

实训任务	处理旅游过程中证件(财物)的丢失问题
任务概述	掌握预防旅游者丢失证件与财物的具体措施；能够熟练处理旅游者丢失证件与财物的各类事件；查阅资料及资料处理能力；文字编写的能力；总结与汇报能力
实训学时	建议 2 学时
实训地点	教室或导游实训室
实训条件	1. 校内实训室：学生用电脑、多媒体设备等 2. 各种事故的案例，各种证件
实训流程与标准	1. 分配实训小组，明确小组任务，学生分别扮演旅游团成员与导游员 2. 模拟导游员了解旅游者丢失证件、财物情况的场景 3. 模拟导游员提醒失主回忆情况，协助失主寻找失物，安慰失主 4. 向失主介绍报失及补办证件的程序 5. 教师对学生情景模拟过程进行考核并做指导 6. 学习小组修改形成稿件，提交最后成果
实训考核建议	1. 考核内容：态度＋纪律＋汇报＋成果 2. 考核方式：课堂展示汇报＋实训成果文本 3. 考核主体：教师、学生

【自我学习】

1. 理论测试题

1.1　填空题

自我学习答案

旅游者丢失财物时，导游员首先要详细了解失物的(　　)、(　　)、价值，分析丢失的可能的时间和地点，并协助寻找。如属被盗，须立即向公安部门和(　　)报案，经查仍无着落，应协助失主持旅行社出具的证明到当地的公安部门开具(　　)。

1.2　单选题

1.2.1　港澳同胞在中国内地若丢失“港澳同胞回乡证”，应该补办签发(　　)。

A. 一次性有效的港澳同胞来往内地旅行证明

B. 一次性有效的中华人民共和国出入境通行证

C. 港澳居民来往内地通行证

D. 港澳同胞回乡证

1.2.2　下述海外来华游客中，(　　)无须办理入境签证。

A. 港澳台同胞　　B. 华侨　　C. 外籍华人　　D. 过境游客

1.3　案例分析

旅游旺季，导游员小黄接待了一个从广州来的旅游团，当他带领旅游者游览完某个人数较多的旅游景点时，一位旅游者声称自己钱包被偷，内有现金若干，小黄引导客人回忆钱包确为在游览过程中丢失，此时小黄该怎样处理？

2. 实训操作题

丢失团体签证应如何处理？

实训要求：

(1)学习小组模拟丢失团体签证场景，分派角色；

(2)导游员按照程序进行处理；

(3)学习小组录制处理过程视频，并撰写处理报告。

>> 任务2　旅游者走失的处理<<

【任务描述】

学会妥善处理旅游过程中旅游者走失事件，采取各种措施预防此类问题的发生，保证旅游者顺利完成旅游活动，培养导游员的工作责任心。

【任务目标】

1. 知识目标：掌握预防旅游者走失的具体措施。

2. 技能目标：熟练处理旅游者走失的各类事件。

3. 素质目标：查阅资料及资料处理能力；文字编写与文案处理能力；总结与汇报能力。

【理论知识】

实例分析

在参观、游览或自由活动时，旅游团中旅游者走失的情况时有发生。虽然导致旅游者走失的原因有很多，不一定是导游员的责任，但无论哪种原因造成旅游者走失都会影响旅游者的情绪，严重时会影响旅游计划的完成，甚至会危及旅游者的生命和财产安全，导游员必须加强责任心，以周到细致的工作预防此类事故的发生。一旦发生旅游者走失事件，导游员应第一时间采取有效措施进行处理。

一、参观游览时旅游者走失的处理

(一)了解情况，迅速寻找

导游员应立即向团内其他旅游者、景区工作人员了解情况并迅速寻找。地陪、全陪和领队要密切配合，一般情况下是请领队、全陪迅速分头去找，地陪带领其他旅游者继续参观游览。

(二)争取有关部门的协助

在经过认真寻找，仍然找不到走失的旅游者时，地陪应立即向游览地的派出所和管理部门求助，同时与该团下榻的饭店前台和楼层服务台联系，询问该旅游者是否已回饭店。如采取以上措施，仍找不到走失的旅游者，地陪应向地接社及时报告并请求帮助，必要时经领导同意向公安部门报案。

(三)做好善后工作

找到走失的旅游者后，导游员应问清情况，分析走失的原因。如是自己的原因，应向旅游者道歉；如责任在走失者，应对其进行安慰，讲清利害关系，提醒以后注意。

(四)写出事故报告

如发生严重的旅游者走失事故，导游员应写出书面报告，内容包括旅游者走失的经过、走失原因、寻找经过、善后处理及旅游者反应等详细情况。

二、自由活动时旅游者走失的处理

知识拓展

(一)立即报告旅行社

地陪可寻求接待社有关人员的协助，通过有关部门通报管区的公安局、派出所和交通部门，尽量详细提供走失者的特征和相关情况，请求沿途寻找。

(二)做好善后工作

找到走失者，应予以安抚，稳定其情绪；必要时提出善意的批评，并以此为戒，提醒旅游者避免再次发生类似事故。

实例分析

(三)写出书面报告

如发生严重的旅游者走失事故，导游员应写出书面报告。

【任务实施】

实训任务	旅游者走失事件的预防与处理
任务概述	掌握预防旅游者走失的具体措施；能够熟练处理旅游者走失的各类事件；查阅资料及资料处理能力；文字编写与文案处理能力；总结与汇报能力
实训学时	建议2学时
实训地点	教室或导游实训室
实训条件	1. 校内实训室：学生用电脑、多媒体设备等 2. 各种事故的案例，各种证件
实训流程与标准	1. 分配实训小组，明确小组任务，学生分别扮演旅游团成员与导游员 2. 模拟导游员了解旅游者走失情况的场景 3. 模拟导游员与全陪和领队配合寻找走失旅游者场景 4. 模拟寻求有关部门帮助寻找走失旅游者场景 5. 找到走失者后，模拟安慰旅游者场景

续表

实训流程与标准	6. 教师对学生情景模拟过程进行考核，并做指导 7. 学生模拟练习完成书面事故报告
实训考核建议	1. 考核内容：态度+纪律+汇报+成果 2. 考核方式：课堂展示汇报+实训成果文本 3. 考核主体：教师、学生

【自我学习】

1. 理论测试题

1.1　填空题

游览时旅游者走失应了解情况，迅速寻找，(　　)，(　　)，写出事故报告。

1.2　案例分析：导游员小王接待了一个湖北来的旅游团，在游览故宫时，旅游者张某忙着拍照没有跟上小王。由于人多小王并未注意，等大家回到车上清点人数时，才发现张某走失，经寻找找回。小王应该如何预防此类事件的发生？

自我学习答案

2. 实训操作题

旅游者在参观游览景点时走失的处理方法。

实训要求：

(1)学习小组模拟旅游者在参观游览景点时走失场景，分派角色；

(2)导游员按照程序进行处理；

(3)学习小组录制处理过程视频，并撰写处理报告。

任务3　旅游者患病、死亡的处理

【任务描述】

掌握旅游者患病的应急处理方法，熟悉一般疾病的预防知识，能妥善处理旅游者的患病和死亡问题，培养关心照顾旅游者的意识和方法。

【任务目标】

1. 知识目标：能复述旅游者患病和死亡的一般处理程序。

2. 技能目标：熟练应对旅游者患病、死亡事件。

3. 素质目标：团队合作能力；查阅资料及资料处理能力；总结与汇报能力。

【理论知识】

实例分析

在旅游的过程中，由于旅途劳累、气候变化、水土不服、起居习惯经常改变等，旅游者突然患病、患重病甚至病危的情况都有可能发生，特别是年老体弱和患有基础疾病的旅游者。导游员应该积极主动地采取一些措施，尽量避免人为原因导致旅游者发生此类问题。

一、旅游者患病事件的处理

(一)旅游者患一般疾病的处理

1. 劝其及早就医并多休息。旅游者患一般疾病时，导游员要劝其尽早去医院看病，并留在酒店休息；如需要，导游员应陪同患者前往医院就医。

2. 关心旅游者的病情。如果旅游者留在酒店休息，导游员要前去询问身体状况并安排好用餐，必要时通知餐厅为其提供送餐服务。

3. 向旅游者讲清看病费用自理。

4. 严禁导游员擅自给患病旅游者用药。

实例分析

(二)旅游者突患重病的处理

1. 旅行途中如旅游者突患重病，导游员应采取措施就地抢救，请求机组人员、列车员或船员在飞机、火车、轮船上寻找医生，并通知下一站急救中心和旅行社准备抢救。若乘旅游车前往景点途中旅游者患病，必须立即将其送往就近医院，还应及早通知旅行社，请求指示和派人协助。旅游者在酒店患病时，先由酒店医务人员抢救，然后送医院。

2. 旅游者病危时，导游员应立即协同领队和患病旅游者亲属送病人去急救中心或医院抢救，或请医生前来抢救。患病旅游者如系国际急救组织的投保者，导游员还应提醒领队及时与该组织的代理机构联系。

3. 在抢救过程中，导游员应要求领队或患病旅游者亲属在场，并详细记录患者患病前后的症状及治疗情况。需要签字的，导游员应请患病旅游者的亲属或领队签字。导游员还应随时向当地接待社反映情况。

4. 若旅游者病危但亲属不在身边时，导游员应提醒领队及时通知患病旅游者亲属。患病旅游者亲属到来后，导游员应协助其解决生活方面的问题；若患病旅游者系国外游客，找不到亲属，一切按使领馆的书面意见处理。导游员这时应安排好旅游团其他旅游者的活动，全陪应继续随团旅游。

5. 患病旅游者转危为安，但仍需住院治疗时，接待社领导和导游员(主要是地陪)要不时去医院探望。如患病旅游者系国外游客，导游员还应帮助患病旅游者办理分离签证、延期签证及出院、回国手续和交通票证等善后事宜。

6. 患病旅游者住院及医疗费用自理，离团住院时未享受的综合服务费由旅行社之间结算，按规定退还本人；患病旅游者的亲属陪侍期间的一切费用自理。

二、旅游者死亡事件的处理

出现旅游者死亡的情况时，导游员应立即向当地接待社报告，按当地接待社领导指示做好善后工作。同时，导游员应稳定其他旅游者的情绪，并继续做好旅游团的接待工作。

1. 如死者的亲属不在身边，导游员必须通知其亲属；如死者的亲属系外籍人士，应提醒领队或经由外事部门及早通知死者所属国驻华使领馆。

2. 由参加抢救的医师向领队、死者亲属及好友详细报告抢救经过，并写出抢救经过报告及死亡诊断证明书，由主治医师签字盖章后复印，分别交给死者的亲属、领队和旅行社。

3. 对死者一般不做尸体解剖，如需要尸体解剖，应由死者的亲属或领队提出书面申请，经医院或有关部门同意后方可进行。非正常死亡者，为查明原因，需进行解剖时，由公安、司法机关按有关规定办理。解剖前需征得死者亲属和领队或所在国驻华使领馆人员的同意，并签字认可。解剖后，写出尸体解剖报告。此外，旅行社还应向司法机关办理公证书。

4. 如需要，请领队向全队旅游者宣布对死者的抢救经过及死亡证明。

5. 遗体的处理，一般应以在当地火化为宜。遗体火化前，应由死者的亲属或领队写出火化申请书并签字。

6. 死者遗体火化后，火葬场出具死者的火化证明书交给领队或死者亲属。如死者系来华外国旅游者，其家属要求将遗体运送回国的，除需办理上述手续外，还应由医院对尸体进行防腐处理，由殡仪馆成殓，并发给装殓证明书。同时需办理《尸体防腐证明书》《外国人运送灵柩（骨灰）许可证》《尸体灵柩出入境许可证》等有关证件，方可将遗体运出境。由死者所持护照国驻华使领馆办理一张遗体灵柩经由国家的通行护照，此证随灵柩同行。死者的遗物由其亲属或领队、死者生前的好友代表、全陪、接待社代表共同清点，列出清单，一式多份，上述人员签字后分别保存。遗物由死者的亲属或领队带回（或交使领馆）。

7. 若举行追悼仪式，导游员要参加。

8. 死亡赔偿应按多家的有关保险规定妥善处理；若死者生前办有人寿、医疗等保险，要为死者亲属办理人寿保险索赔、医疗费报销等有关证明。

9. 处理死亡事件，各类证件、证明必须齐全，事后存档；写出死亡善后处理报告。

实例分析

【任务实施】

实训任务	旅游者患病、死亡的处理
任务概述	能复述旅游者患病和死亡的一般处理程序；熟练应对旅游者患病、死亡事件；团队合作能力；查阅资料及资料处理能力；总结与汇报能力
实训学时	建议2学时
实训地点	教室或导游实训室
实训条件	校内实训室：学生用电脑、多媒体设备等

续表

实训流程与标准	1. 分配学习小组，明确小组任务 2. 练习旅游者患病的处理方法 3. 练习旅游者死亡的处理方法 4. 教师、学生对汇报结果进行考核评价 5. 学习小组总结实训成果，并形成文字材料
实训考核建议	1. 考核内容：态度＋纪律＋汇报＋成果 2. 考核方式：课堂汇报＋文本材料 3. 考核主体：教师、学生

【自我学习】

理论测试题

自我学习答案

1. 多选题

1.1　旅游过程中，旅游者突发心脏病，导游员的紧急处理方法有(　　)。

A. 立即送往医院抢救

B. 让旅游者就地平躺，头略高

C. 由患者亲属或领队寻找备用药并服用

D. 联系医生治疗，病情稳定后送医院

1.2　当旅游者发生中暑时，导游员应(　　)。

A. 立即将患者移至阴凉处　　B. 让患者平卧并解开衣扣

C. 为患者通风降温，给予凉开水　　D. 将严重者送医院

1.3　当旅游者被蝎子蜇伤时，导游员应(　　)。

A. 设法将毒刺拔出　　B. 用肥皂水洗伤口

C. 用吸管吸出毒汁　　D. 将严重者送医院抢救

2. 案例分析

2.1　一旅游团在某名山游览，其中一位旅游者在登山时不慎摔伤，左手臂骨折，流血，疼痛不止。此时，地陪马上将随身携带的治疗跌打损伤的内服药取出，让受伤旅游者服用。随后，地陪让全陪和另一位团员将受伤者送往医院治疗，自己则带团继续活动。

请指出地陪这样做的不妥之处，并写出正确的处理措施。

2.2　日本某旅行社组团、西安GD旅行社接团的一批游客，在游览西安后，由领队和GD旅行社的一位全陪陪同前往敦煌，由敦煌某旅行社作为地接社。地陪带领团队参观了有关景点后，有客人提出要去马场骑马，这项活动不包括在日程安排的内容中，经有关人员同意，在客人的要求下，地陪带领游客来到马场，然后地陪解释说："骑马很危险，年纪大的或者有病不宜骑马的客人最好不要骑。"当时日本的领队也在场，他亲耳听见地陪的解释。事情就出在骑马上，一位年事偏高的客人不慎摔下导致脑出血，在他刚摔下来时，地陪、全陪、领队都积极联系医院，报告公安局及各自的旅行社。最终客人还是抢救无效死亡。死者的家属得知这一消息

后，坚决要求有关旅行社做出赔偿。但地陪说："我做了骑马危险的解释，劝老年人别骑。"全陪说："行程自始至终，我没有介绍任何有关马场情况，这是客人自己要求去的，当时他们也得到了骑马危险的信息，但这位客人还是坚持骑了，这纯属自愿。"于是，地陪、全陪和领队各自写了一份报告说明情况。这起事故最后按意外事故处理，日本那家旅行社按规定赔付意外保险金。

请分析全陪、地陪的做法是否妥当。

>> 任务4　交通事故的处理 <<

【任务描述】

交通事故作为旅游行程中最常见的安全事故，需要导游员做好预防与处理。导游员须掌握带团过程如何预防事故的发生，以及在事故发生后如何妥善处理。

【任务目标】

1. 知识目标：掌握旅游交通事故的预防和处理程序。
2. 技能目标：旅游交通事故的预防措施和处理方法运用到实际带团过程中。
3. 素质目标：团队合作能力；查阅资料及资料处理能力；总结与汇报能力。

【理论知识】

知识链接

一、交通事故的处理

一旦发生交通事故，导游员只要没有受伤，神志还清醒，就应立即采取措施，冷静、果断地进行处理并做好善后工作。

(一)立即组织抢救

立即组织抢救，打电话叫救护车或拦车护送重伤员去附近医院。

(二)立即报案，保护现场

尽可能指定专人保护现场，避免在慌乱中破坏现场。立即拨打110报警。

(三)立即报告旅行社

报告旅行社，通报事故情况，请求派人处理事故，派车来接未受伤和受伤较轻的旅游者回酒店或继续游览。

(四)做好安抚工作

安抚旅游者，提供热情周到的服务，力争使旅游活动得以继续进行。

(五)做好善后工作

在旅行社的安排下，妥善处理善后事宜；事故查清后，告诉领队，由其向全团通报事故原因、对死亡人员的抢救、处理经过等。请医院开出诊断书和医疗证明书，请公安部门开具交通事故证明书，以便向保险公司索赔时使用。

(六)写出书面报告

事故发生后，导游员要写出详细的书面报告，包括旅游团名称，旅游者国籍、人数，事故发生的时间、地点、原因、经过及结果，处理的经过、结果，旅游者的情绪及对处理的反应等。报告内容要翔实，反映旅游者的情况要客观，重要内容最好用旅游者的原话。有可能的话，由领队、全陪和地陪联名签署报告。

二、交通事故的预防

交通事故的范围很广，常见的有汽车出现故障、塞车、撞车等，导游员要密切配合好司机，做好交通事故的预防工作。

(一)出发前

1. 提醒司机常检查车辆，如发现隐患，须及时修理或要求更换车辆。

2. 需长途行驶或穿越山区道路时，应指定经验丰富的司机。

3. 运行在高原地带的车辆必须常备氧气袋，并在出发前检查是否保存完好。

4. 车辆座位比实际乘坐的旅游者人数多出20%为好，车辆的最后一排及司机座位后的第一排都不宜引导旅游者乘坐。

(二)行驶途中

1. 在市区行车时，导游员不要与司机聊天，以免分散司机注意力；但在长途行车时，导游员却要不时与司机聊两句，以免司机打瞌睡。

2. 安排日程时，在时间上要留有余地，以免司机因赶时间而违章超速行驶，避免司机疲劳驾驶；在任何情况下，导游员都不应该催促司机开快车，有时还要阻止司机开“英雄车”“赌气车”。

3. 如天气不好(雨、雪、大雾天)、交通堵塞、路况不佳，尤其在窄道、山区行车时，导游员要随时提醒司机注意安全，谨慎驾驶。

4. 如遇恶劣天气、发生自然灾害时，导游员有权改变行程，甚至可调整日程安排，但事先应向领队和旅游者讲清情况，征得他们的同意并及时报告旅行社。

5. 司机在工作期间不得饮酒，如果司机饮酒，导游员要加以劝阻，若司机不听劝告，要立即报告旅行社，要求改派车辆或更换司机。

6. 非本车司机不得开车。导游员即使有驾照，也不能帮司机开车。

7. 导游员若和司机有争执，应待下团后解决，不要在带团过程中争执，以免司机赌气驾车。

【任务实施】

实训任务	旅游交通事故的处理
任务概述	掌握旅游交通事故的预防和处理程序；将旅游交通事故的预防措施和处理方法运用到实际带团过程中；团队合作能力；查阅资料及资料处理能力；总结与汇报能力
实训学时	建议2学时
实训地点	教室或导游实训室
实训条件	校内实训室：学生用电脑、多媒体设备等
实训流程与标准	1. 分配学习小组，明确小组任务 2. 练习旅游交通事故处理方法 3. 对汇报结果进行考核评价 4. 学习小组总结实训成果，并形成文字材料
实训考核建议	1. 考核内容：态度＋纪律＋汇报＋成果 2. 考核方式：课堂汇报＋文本材料 3. 考核主体：教师

【自我学习】

理论测试题(单选)

自我学习答案

1. 旅行社派车时，车辆座位比实际乘坐的旅游者人数多出(　　)为好。

A. 30％　　B. 20％　　C. 10％　　D. 5％

2. 为保证旅游团队的交通安全，导游员应当(　　)。

A. 途中要常与司机聊天

B. 无论任何原因，都不能改变行程

C. 途中如有乘客搭车，可以让司机停车

D. 在旅游车行驶途中，禁止与司机交谈闲聊

3. 关于交通事故的预防，说法不正确的是(　　)。

A. 导游员发现司机超速行车时应加以劝阻

B. 如遇上恶劣天气，导游员不要改变行程

C. 导游员不可以在行车时打瞌睡乘车

D. 乘车及乘船超载，是造成交通事故的主要原因

>> 任务5　治安事故的处理 <<

【任务描述】

掌握旅游治安事故的应急处理方法，能妥善灵活地处理旅游活动中遇到的各种治安事故，确保旅游者的人身和财产安全。

【任务目标】

1. 知识目标：能复述不同治安事故的一般处理程序。

2. 技能目标：能熟练应对旅游活动中的治安事故。

3. 素质目标：团队合作能力；查阅资料及资料处理能力；总结与汇报能力。

【理论知识】

一旦发生治安事故，导游员绝不能置身事外，要全力保护旅游者的人身、财产安全。

一、保护旅游者的安全

如果遇到歹徒骚扰、行凶、抢劫，导游员要临危不惧，绝不能临阵脱逃，可能时将旅游者转移到安全地点；导游员要勇敢，但不能鲁莽行事，要防备歹徒的凶器，既要保护好旅游者的安全，也要保护好自己。

二、组织抢救

若旅游者受伤，导游员应立即做好必要的伤口处理，尽快将其送往附近医院，并尽可能保护现场。

三、立即报警

立即拨打 110 报警，公安人员赶到后，导游员要积极配合、协助调查。

四、报告接待社

将案情报告接待社领导，情况严重时，请领导到现场指挥处理。

五、善后处理

治安事故发生后，导游员要设法稳定旅游者的情绪，如果后果不是很严重，就应设法继续进行旅游活动；在旅行社领导指导下准备好必要证明及相关资料，处理好种种善后事宜；留意破案情况，一有结果，请领队向全团通报。

六、写出书面报告

写出翔实的书面报告，对旅游者的重要反映，力求用原话并注明反映者的身份。

【任务实施】

实训任务	治安事故的处理
任务概述	能复述不同治安事故的一般处理程序；熟练应对旅游活动中的治安事故；团队合作能力；查阅资料及资料处理能力；总结与汇报能力
实训学时	建议 2 学时

续表

实训地点	教室或导游实训室
实训条件	校内实训室：学生用电脑、多媒体设备等
实训流程与标准	1. 分配学习小组，明确小组任务 2. 练习旅游治安事故的处理方法 3. 教师、学生对汇报结果进行考核评价 4. 学习小组总结实训成果，并形成文字材料
实训考核建议	1. 考核内容：态度＋纪律＋汇报＋成果 2. 考核方式：课堂汇报＋文本材料 3. 考核主体：教师、学生

【自我学习】

理论测试题

自我学习答案

1. 单选题

1.1　在旅行中，为了防止治安事故的发生，离开游览车时，导游员应提醒旅游者将证件和贵重物品(　　)。

A. 留在车内，由司机照看　　B. 交给领队保管

C. 随身携带　　D. 交给全陪保管

1.2　旅游治安事故发生后，导游员要与发生地有关单位严格保护现场，保护现场的原因不包括(　　)。

A. 寻找破案线索　　B. 确定事故性质

C. 便于抢救伤员　　D. 妥善处理安全事故

2. 简答题

在旅游活动过程中，导游员应采取哪些有效的措施来预防治安事故的发生？

>> 任务6　火灾事故的处理 <<

【任务描述】

掌握火灾事故的应急处理方法，熟悉火灾预防的相关知识，妥善处理突发火灾事故，保护旅游者的生命财产安全。

【任务目标】

1. 知识目标：能复述火灾事故的一般处理程序。

2. 技能目标：能熟练应对突发火灾事故。

3. 素质目标：团队合作能力；查阅资料及资料处理能力；总结与汇报能力。

【理论知识】

一、火灾事故的预防

(一)做好提醒工作

导游员应提醒旅游者不要携带易燃、易爆物品，不在托运的行李中夹带易燃、易爆等违禁物品；提醒旅游者不在床上吸烟，不乱扔烟头和其他火种。

(二)熟悉安全出口和转移路线

导游员要熟悉入住酒店、参观景区(景点)的安全通道并向旅游者详细介绍；提醒旅游者注意安全路线示意图，掌握失火时应走的路线；提醒旅游者，一旦发生火灾时不要乘坐电梯，只能从安全通道逃生。

(三)牢记火警电话

导游员要牢记火警电话，掌握领队及全团成员的房间号码，以便及时通知。

知识拓展

二、火灾事故的处理

1. 迅速撤离。(1)火速通知旅游者。导游员获悉失火，要立即报警，采取一切可能的措施通知领队和全团旅游者。(2)有序疏散。火灾逃生时，要轻装、快速、有序，避免摔倒，不盲目跳楼。(3)集中旅游者。导游员撤至安全地带，就要寻找本团旅游者，让大家聚集在一起。发现有人失踪，就应组织人力尽快寻找；有人受伤，应及时救治。

2. 设法自救。发现火灾已晚，无法逃离火灾现场时，导游员应引导旅游者设法自救。

3. 报告旅行社。

4. 正确处理善后事宜。

5. 写出翔实的书面报告。

【任务实施】

实训任务	火灾事故的处理
任务概述	能复述火灾事故的一般处理程序；熟练应对突发火灾事故；团队合作能力；查阅资料及资料处理能力；总结与汇报能力
实训学时	建议 2 学时
实训地点	教室或导游实训室
实训条件	校内实训室：学生用电脑、多媒体设备等

续表

实训流程与标准	1. 分配学习小组，明确小组任务 2. 练习突发火灾事故的处理方法 3. 教师对学生汇报结果进行考核评价 4. 学习小组总结实训成果，并形成文字材料
实训考核建议	1. 考核内容：态度＋纪律＋汇报＋成果 2. 考核方式：课堂汇报＋文本材料 3. 考核主体：教师

【自我学习】

理论测试题

自我学习答案

案例分析：地接导游员小韩在接待某旅游团过程中，考虑到游客长时间坐车比较疲惫，在匆忙办理完入住手续后，并未向游客讲解处理各种突发状况应注意的问题。当晚酒店发生火灾，有两名游客因没有采取积极措施，造成部分烧伤。小韩的做法有什么不妥之处？遇到火灾，导游员应该怎么做？

>>任务7　食物中毒的处理<<

【任务描述】

掌握旅游者食物中毒的应急处理方法，熟悉食物中毒的预防知识，能妥善处理旅游者食物中毒的问题。

【任务目标】

1. 知识目标：能复述旅游者食物中毒的一般处理程序。

2. 技能目标：能熟练应对旅游者食物中毒事件。

3. 素质目标：团队合作能力；查阅资料及资料处理能力；总结与汇报能力。

【理论知识】

旅游者因食用变质或不干净的食物常会发生食物中毒。其特点是：潜伏期短，发病快，且常常集体发病，若抢救不及时会有生命危险。

一、食物中毒的预防

1. 严格执行在旅游定点餐厅就餐的规定。

2. 提醒旅游者不要在小摊上购买食物。

3. 用餐时，若发现食物、饮料不卫生，或有异味、变质的情况，导游员应立即要求更换，并要求餐厅负责人出面道歉，必要时向旅行社领导汇报。

二、食物中毒的处理

发现旅游者食物中毒，导游员应设法催吐，让食物中毒者多喝水以加速排泄，缓解毒性；立即将食物中毒者送往医院抢救，请医生开具诊断证明；迅速报告旅行社并追究供餐单位的责任。

【任务实施】

实训任务	食物中毒的处理
任务概述	能复述旅游者食物中毒的一般处理程序；熟练应对旅游者食物中毒事件；团队合作能力；查阅资料及资料处理能力；总结与汇报能力
实训学时	建议 2 学时
实训地点	教室或导游实训室
实训条件	校内实训室：学生用电脑、多媒体设备等
实训流程与标准	1. 分配学习小组，明确小组任务 2. 练习旅游者食物中毒的处理方法 3. 教师对学生汇报结果进行考核评价 4. 学习小组总结实训成果，并形成文字材料
实训考核建议	1. 考核内容：态度＋纪律＋汇报＋成果 2. 考核方式：课堂汇报＋文本材料 3. 考核主体：教师

【自我学习】

理论测试题

1. 多选题

1.1　旅游者发生食物中毒事件，导游员应采取的急救措施有(　　)。

A. 立即催吐并让患者饮水　　B. 将患者送往医院对病因进行诊断

B. 请医生开具诊断证明　　D. 报告旅行社，追究供餐单位责任

自我学习答案

1.2　为防止旅游者食物中毒，导游员应该(　　)。

A. 提醒旅游者不要在路边小摊上购买食物

B. 严格执行在定点餐厅就餐的规定

C. 带领旅游者去导游员自己认为质量比较好的地方用餐

D. 用餐时发现食物不卫生，应要求立即更换

2. 案例分析：旅游者出现食物中毒现象

导游员小洪带领一个团队乘飞机来到某个海滨城市，到达后马上被接到某个餐馆用晚餐。客人们大吃海鲜，大饱口福。餐后客人们直接赶赴下榻饭店。小洪分完房间，把分房名单拿到后，就向客人告别并进房休息了。后半夜总台服务人员用电话叫醒小洪，告诉他有几个旅游者突然感到腹痛，有的还伴有腹泻、呕吐等症状。小洪赶紧起床前去查看。据小洪分析可能是客人当晚食用了不新鲜海鲜而导致食物中毒。小洪该如何处理这起事件？

【项目小结】

任务名称	知识、技能、素质
丢失证件与财物的处理	妥善处理旅游过程中旅游者丢失证件与财物事件
旅游者走失的处理	预防旅游者走失事件的发生，培养导游员的工作责任心
旅游者患病、死亡的处理	熟悉一般疾病的预防知识，能妥善处理旅游者的患病和死亡
交通事故的处理	预防旅游交通事故的发生，妥善处理旅游交通事故
治安事故的处理	妥善灵活地处理各种治安事故，确保旅游者人身和财产安全
火灾事故的处理	预防火灾发生，妥善处理突发火灾事故
食物中毒的处理	预防食物中毒，妥善处理旅游者食物中毒的问题

项目三　旅游技术性事故处理

【项目描述】

接团是导游员与旅游团成员的第一次接触，产生的第一印象将会影响导游员今后与团员的相处，也会影响到导游员的工作，因而是非常重要的。在实际操团过程中，要尽量避免漏接、错接、空接或误车、火车、飞机、轮船等事故的发生，掌握此类事故的预防和处理方法。

>>任务1　漏接、错接、空接事故处理<<

【任务描述】

学习漏接、错接、空接事故处理相关理论知识，学会此类事故的处理与预防。

【任务目标】

1. 知识目标：能复述漏接、错接、空接事故的处理程序。

2. 技能目标：学会灵活处理漏接、错接、空接等事故。

3. 素质目标：查阅资料及资料处理能力；文字编写与文案处理能力；总结与汇报能力。

【理论知识】

一、漏接的原因、处理与预防

漏接是指旅游团(者)抵达一站后，无导游员迎接的现象。

(一)漏接的原因

1. 导游员主观原因造成的漏接

(1)导游员未按服务程序要求提前到达接站地点。

(2)导游员工作疏忽，将接站地点搞错。

(3)新旧时刻表交替，导游员没有查对新的时刻表，仍按旧时刻表时间去接旅游团。

(4)由于某种原因，原定车次、班次变更使旅游团提前到达，但导游员没有阅读变更通知，仍按原计划接团。

2. **客观原因造成的漏接**

(1)原定班次或车次变更，旅游团提前到达，但该站接待社没有接到上一站接待社的通知。

(2)该站接待社有关部门没有将旅游团因班次、车次变更提前到达的消息通知该团的导游员，使导游员仍按原计划去接团。

(3)由于交通堵塞或其他不可抗力因素，导游员未能及时到达接站地点，造成漏接。

(4)由于国际航班提前到达或旅游者在境外中转站乘坐其他航班而造成漏接等。

(二)漏接的处理

1. **认真对待**

得知旅游团已抵达，导游员应该立即赶去与旅游团汇合，由于导游员自身原因造成漏接时，导游员应实事求是地向旅游者说明情况，诚恳地赔礼道歉，以求得旅游者的谅解。对于客观原因造成的漏接，导游员不要认为与自己无关而草草行事，应立即与接待社有关部门联系查明原因；耐心向旅游者解释，以免引起误解。

2. **提供高质量的服务**

导游员应热情周到地为旅游者服务，提供更精彩的导游讲解，高质量地完成旅游接待任务，尽快消除旅游者因漏接造成的不愉快。必要时可请旅行社领导出面赔礼道歉或酌情给旅游者一定的物质补偿。

3. **支付必要的费用**

旅游者若因等不到导游员而乘坐出租车前往下榻酒店，导游员应主动支付相应的费用。

(三)漏接的预防

1. **认真阅读接待计划**

导游员在接到带团任务后，应了解旅游团抵达的日期、时间、接站地点并认真核对清楚。

2. **核实交通工具到达的准确时间**

旅游团抵达该站的当天，导游员应与旅行社有关部门联系，了解班次或车次是否有变更，并及时与机场(车站、码头)联系，核实抵达的确切时间。地陪导游员还应提前与旅游团的全陪或领队联系，核实旅游团所乘交通工具抵达的准确时间、地点。

3. 提前抵达接待地点

导游员应与司机商定好出发时间，保证按规定提前半小时到达接站地点。

二、错接的处理与预防

错接是指导游员在接站时未认真核实，接了不应由他接的旅游团(者)。错接属于责任事故。

(一)错接的处理

1. 立即报告旅行社

发现错接，应立即报告旅行社领导及相关人员，请其协助寻找应接待该旅游团的旅行社和导游员。找到后应立即办理移交手续，并说明情况，还要因自己的不认真给人家添麻烦而赔礼道歉。

2. 寻找自己的旅游团

地陪应设法寻找自己的旅游团。如经核查，发现错接发生在同一家旅行社接待的两个旅游团，地陪应立即向领导汇报，经领导同意，地陪可不再交换旅游团；如果是地陪兼全陪，则应交换旅游团并向全体旅游者道歉。

若错接的是另外一家旅行社的旅游团时，地陪应立即向接待社领导汇报，设法尽快交换旅游团，并向全体旅游者实事求是地说明情况并诚恳地道歉。

若发现非法导游接走了旅游团(者)，地陪应立即向接待社报告，请其协助寻找。若找到非法导游，应交由有关部门予以严肃处理。

(二)错接的预防

1. 地陪应提前到达接站地点迎接旅游团。

2. 接团时认真核实。地陪要认真逐一核实旅游客源地组团旅行社的名称、旅游目的地组团旅行社的名称、旅游团的代号、人数、领队姓名、下榻酒店等信息。

3. 提高警惕，严防社会其他人员非法接走旅游团。

三、空接的原因与处理

空接是指由于某种原因旅游团推迟抵达某站，导游员仍按原计划预定的班次或车次接站而没有接到旅游团。

(一)造成空接的原因

1. 接待社没有接到上一站的通知

由于天气原因或某种故障，旅游团仍滞留在上一站或途中，上一站接待社并不知道这种临时变化，而全陪或领队又无法及时通知地方接待社。

2. **上一站忘记通知接待社**

班(车)次变更后，旅游团推迟到达，但上一站工作延误，忘记通知接待社有关部门，造成空接。

3. **接待社没有通知地陪导游员**

接待社接到了上一站的变更通知，但旅行社有关人员忘记通知该团地陪，造成空接。

4. **旅游者自身原因**

旅游者(主要是散客)因生病、急事，临时取消旅游计划，但没有及时通知旅行社，造成空接。

(二)空接的处理

一旦发生空接，地陪应按下列步骤处理。

1. **排除漏接**

飞机、火车准时抵达，导游员接不到旅游团(者)时，首先应排除漏接的可能，与旅游团下榻的酒店联系，核实旅游团是否自行到了酒店。

2. **请旅行社查明原因**

立即与地接社联系，请其查明原因。

3. **核实旅游团(者)是否推迟抵达**

经核实，若旅游团(者)推迟抵达，导游员要听从接待社的安排。如推迟时间不长，可在机场、车站等待，准备迎接不久后到来的旅游团(者)，如推迟时间较长，可离开机场、车站，重新落实接待事宜。

【任务实施】

实训任务	漏接、错接、空接事故处理
任务概述	能复述漏接、错接、空接事故的处理程序；学会灵活处理漏接、错接、空接等事故；查阅资料及资料处理能力；文字编写与文案处理能力；总结与汇报能力
实训学时	建议2学时
实训地点	教室或导游实训室
实训条件	校内实训室：学生用电脑、多媒体设备等
实训流程与标准	1. 分配学习小组，明确小组任务 2. 练习漏接、空接、错接事故处理方法 3. 教师对学生汇报结果进行考核评价 4. 学习小组总结实训成果，并形成文字材料
实训考核建议	1. 考核内容：态度＋纪律＋汇报＋成果 2. 考核方式：课堂汇报＋文本材料 3. 考核主体：教师

【自我学习】

理论测试题

自我学习答案

1. 单选题

1.1　旅行社有关工作人员未能及时将旅游团仍滞留在上一站的情况通知导游员，导致空接。此时，导游员首先应当(　　)。

A. 在接站地等候　　B. 从接站地返回

C. 同旅行社有关部门联系　　D. 同交通部门联系

1.2　旅游团提前抵京，上一站通知了北京的地接社，但北京地接社没有通知地陪，旅游团抵京时无人接站，全陪带旅游团去了计划下榻饭店，地陪准时去接站，但没有旅游团，请问发生了什么事故？(　　)

A. 空接事故　　B. 漏接事故

C. 空接在前，漏接在后　　D. 漏接在前，空接在后

1.3　出于某种原因，旅游团被迫延长在一地的行程，导游员要尽力不让旅游者(　　)。

A. 感到吃亏太多　　B. 感到浪费时间

C. 感到被旅行社耍弄　　D. 投诉索赔

2. 案例分析

某旅行团按计划乘 MH456 航班于 10 月 25 日 16:20 飞抵 S 市。地陪小王提前 20 分钟到机场迎接。航班准时到达，但小王未接到客人。

请写出应如何处理这一空接事故。

>> 任务 2　误机(车、船)等事故的处理 <<

【任务描述】

了解造成误机(车、船)事故的原因，掌握事故预防的措施，发生事故后能正确进行处理，使损失和影响降到最低限度。

【任务目标】

1. 知识目标：能复述误机(车、船)事故的一般处理程序。

2. 技能目标：熟练应对误机(车、船)等事件。

3. 素质目标：团队合作能力；查阅资料及资料处理能力；总结与汇报能力。

【理论知识】

误机(车、船)事故是指由于某些原因或旅行社有关人员的失误，旅游团(者)没有乘原定航班离开该站而导致的暂时滞留。误机(车、船)是重大事故，不仅会给旅行社带来巨大的经济损失，还会使旅游者蒙受经济或其他方面的损失，严重影响旅行社的声誉。导游员要高度认识误机(车、船)的严重后果，杜绝此类事故发生。

一、误机(车、船)事故的原因

(一)客观原因造成的非责任事故

旅游者方面的原因或途中遇到交通事故、严重堵车、汽车发生故障等突发情况造成延误。

(二)主观原因造成的责任事故

1. 地陪安排日程不当或过紧，使旅游者没能按规定时间到达机场(车站、码头)。

2. 地陪没有认真核实交通票据，将离站的时间或地点搞错。

3. 班次(车次)变更，但接待社的有关人员没有及时通知导游员。

二、误机(车、船)事故的预防

(一)加强责任心

导游员要加强责任心，认真做好旅游接待工作。地陪、全陪要提前做好旅游团离站交通票据的落实工作，并核对日期、班次、时间、目的地等，切实做好“四核实”。

(二)与各方紧密联系

导游员要与计调部门和行李员、司机紧密联系，相互配合，共同做好送站工作。

(三)严格按照规章制度办事

导游员必须遵照执行有关规章制度，不得我行我素，不能只凭经验办事。离开该站的当天，不安排旅游团到范围广、地域复杂的景点参观游览；不安排旅游团到热闹的地方购物或自由活动。

(四)时间安排留有余地

要充分考虑各方面的因素，安排充裕的时间去机场、车站和码头，保证旅游团按以下规定时间到达离站地点：乘国际航班，提前120分钟到达机场；乘国内航班，提前90分钟到达机场；乘火车或轮船，提前60分钟到达车站或码头。

三、误机(车、船)事故的处理

1. 立即向旅行社领导及有关部门报告并请求协助。

2. 地陪和旅行社尽快与机场、车站或码头联系，争取让旅游者尽快改乘后续班次离开该站；必要时采取包机(车厢、船)方式或改乘其他交通工具前往下一站。

3. 安抚旅游者的情绪，安排好滞留期间的食宿、游览等事宜。

4. 及时通知下一站，对日程做出相应的调整。

5. 向旅游者赔礼道歉。

6. 写出事故报告，查清事故的原因和责任，责任者应承担经济损失并接受处分。

【任务实施】

实训任务	误机(车、船)事故的处理
任务概述	能复述误机(车、船)事故的一般处理程序；熟练应对误机(车、船)等事件；团队合作能力；查阅资料及资料处理能力；总结与汇报能力
实训学时	建议 2 学时
实训地点	教室或导游实训室
实训条件	校内实训室：学生用电脑、多媒体设备等
实训流程与标准	1. 分配学习小组，明确小组任务 2. 练习误机(车、船)事故的处理方法 3. 教师、学生对汇报结果进行考核评价 4. 学习小组总结实训成果，并形成文字材料
实训考核建议	1. 考核内容：态度＋纪律＋汇报＋成果 2. 考核方式：课堂汇报＋文本材料 3. 考核主体：教师、学生

【自我学习】

理论测试题

1. 单选题

首站接团时，全陪应提前(　　)到接站地点与地陪一起迎接旅游团。

A. 60 分钟　　B. 30 分钟　　C. 20 分钟　　D. 15 分钟

自我学习答案

2. 多选题

2.1　因下列原因造成的误机(车、船)事故，属于责任事故的是(　　)。

A. 途中出现交通事故或意外堵车

B. 导游员没有认真核实交通票据

C. 汽车发生故障

D. 班次已变更，但计调人员没有及时通知导游员

2.2　为预防误机(车、船)事故的发生，导游员应做好以下工作(　　)。

A. 地陪和全陪应提前做好离站交通票据的落实工作

B. 临行前不安排旅游团到范围广、地域复杂的景点参观游览

C. 临行前不安排团队到热闹的地方购物或自由活动

D. 提前做好发生误机(车、船)事故的弥补措施

E. 留出充裕的时间去机场，保证旅游团按规定时间到达离站地点

【项目小结】

任务名称	知识、技能、素质
漏接、空接、错接事故处理	处理与预防漏接、空接、错接事故
误机(车、船)等事故的处理	了解造成误机(车、船)事故的原因，掌握事故预防的措施，正确处理此类事故

参考书目

袁银枝主编:《导游业务》,北京,中国轻工业出版社,2010。

王喜华主编:《模拟导游实训教程》,厦门,厦门大学出版社,2012。

解程姬、李晓标主编:《导游业务》,北京,北京理工大学出版社,2015。

全国导游人员资格考试辅导教材编写组编:《导游业务》,北京,旅游教育出版社,2019。